LAURA CONDORI

BOLIVIEN

• KOCHBUCH •

Email: info@edition-lunerion.de
www.edition-lunerion.de

Psiana eCom UG
Berumer Str. 44
26844 Jemgum

Vorwort

Trotz 21. Jahrhundert und Globetrotter-Lifestyle hat es Bolivien bislang noch nicht unter die Top-Ziele Südamerikas geschafft – und auch seine Küche ist kaum bekannt. Jammerschade, denn das geografisch ganz besondere Land kann mit einer ebenso außergewöhnlichen Kulinarik aufwarten und mit diesem Kochbuch erleben Sie den Genuss ganz einfach in Ihren eigenen vier Wänden!

Eingebettet zwischen den schneebedeckten Gipfeln der Anden und den saftig-üppigen Weiten des Amazonas hat sich in Bolivien eine ganz besondere Küchenkultur entwickelt: Herzhaft-sättigende Gerichte mit reichlich Fleisch, Quinoa und Kartoffeln versorgen im rauen Bergland mit reichlich Energie, während im Süden frischer Fisch, knackiges Gemüse und tropische Früchte wie Mango, Papaya und Banane auf den Teller kommen. Zusammen mit der einzigartigen Mischung aus den Traditionen der Aymara- und Quechua-Ureinwohner, den Einflüssen der spanischen Konquistadoren sowie Inspirationen italienischer, deutscher oder japanischer Einwanderer hat sich hier eine Küche entwickelt, die für alle Geschmäcker reichlich Auswahl in petto hat und zudem mit einzigartiger Geschmacksfülle glänzt. Ob Fleischesser, Fischfreund, Veggie oder Süßschnabel, in diesem Buch finden Sie eine Riesenauswahl für jeden Anlass und erleben bekannte Zutaten in völlig neuem Gewand.

Guten Appetit!

INHALT

Von den Anden bis zum Amazonas

Die Geschichte der bolivianischen Küche spiegelt die tiefgreifenden kulturellen Begegnungen wider, die sich über Jahrhunderte erstrecken, von den indigenen Zivilisationen bis hin zu europäischen und asiatischen Einflüssen. Die kulinarische Entwicklung in Bolivien beginnt mit den Aymara und Quechua, den Ureinwohnern dieser Region, deren Techniken und Zutaten heute noch in vielen Gerichten zu finden sind. Über die Jahre haben auch die spanischen Konquistadoren und später Migranten aus vielen Teilen der Welt, wie zum Beispiel Italien, Deutschland und Japan, ihre eigenen Rezepte und Kochstile eingebracht, die die bolivianische Küche nachhaltig geformt haben.

Die geografische Vielfalt Boliviens erstreckt sich von den majestätischen, schneebedeckten Gipfeln der Anden bis zu den üppigen, grünen Weiten des Amazonasbeckens. Diese landschaftliche Diversität beeinflusst maßgeblich die Ernährungsgewohnheiten und die Kochtraditionen des Landes.

In den Andenregionen, wo das Klima oft kühl und das Terrain rau ist, bevorzugen die Einwohner herzhafte und nahrhafte Gerichte. Diese bieten nicht nur viel Energie, sondern sind auch angepasst an die oftmals knappen

Ressourcen in diesen Höhenlagen. Grundnahrungsmittel wie Quinoa, das schon bei den Inkas als „Mutter aller Körner“ verehrt wurde, und verschiedene Kartoffelsorten, von denen es in Bolivien über 200 Arten gibt, bilden die Basis vieler Mahlzeiten. Beliebt sind beispielsweise Pique a lo Macho, ein herzhaftes Gericht aus Fleisch, Würstchen, Zwiebeln, gekochten Eiern und scharfen Gewürzen, sowie die traditionelle Suppe Caldo de Cardán, die für ihre kräftigende Wirkung bekannt ist.

Im Gegensatz dazu zeichnet sich die Küche in den Tiefländern, insbesondere in den tropischen Gebieten des Amazonas, durch eine reiche Auswahl an frischen Zutaten aus. Hier spielt Fisch eine wesentliche Rolle in der lokalen Ernährung, insbesondere der beliebte Pacú, ein Süßwasserfisch, der für sein festes, weißes Fleisch geschätzt wird. Neben Fisch werden zahlreiche tropische Früchte wie Papayas, Mangos und Bananen genutzt, die in den warmen Klimazonen Boliviens gedeihen. Die Vielfalt an Gemüse und Früchten ermöglicht eine farbenfrohe und vitale Küche, die oft durch leichte Zubereitungsarten wie das Dämpfen oder schnelle Braten gekennzeichnet ist, um die Frische der Zutaten zu bewahren.

Diese Unterschiede in der Küche zwischen den Anden und den Tiefländern spiegeln die Anpassung an die jeweiligen Umgebungen und verfügbaren Ressourcen wider und bieten eine faszinierende Palette an Geschmäckern und Gerichten, die Boliviens kulinarische Karte prägen.

SCHLÜSSELZUTATEN DER BOLIVIANISCHEN KÜCHE

- Quinoa: Dieses „Inka-Korn“ ist eine Hauptzutat in der bolivianischen Küche und wird aufgrund seines hohen Nährwerts und seiner Vielseitigkeit geschätzt. Sie finden Quinoa in Suppen, als Beilage oder in Salaten.
- Llama und Alpaka: Diese Fleischsorten sind in den Höhenlagen der Anden sehr verbreitet und werden für Eintöpfe und Grillgerichte verwendet. Sie zeichnen sich durch ihren niedrigen Fettgehalt und hohen Proteingehalt aus.
  - *Wo zu erwerben:* In Deutschland ist Fleisch von Llama und Alpaka eher selten in herkömmlichen Geschäften zu finden. Spezialisierte Fleischereien oder Online-Shops, die sich auf exotische oder nachhaltig produzierte Fleischsorten konzentrieren, können jedoch solches Fleisch anbieten.
  - *Alternativen:* Sollten Llama oder Alpaka nicht erhältlich sein, können Sie stattdessen Lamm- oder Rindfleisch verwenden. Beide haben eine ähnliche Textur, obwohl sie geschmacklich nicht ganz identisch sind. Lamm kommt dem Geschmack am nächsten, vor allem in Eintöpfen oder gegrillten Gerichten.
- Chuño: Chuño ist eine getrocknete und gefrorene Kartoffel, die seit Jahrhunderten nach traditionellen Methoden hergestellt wird. Dieses einzigartige Konservierungsverfahren ermöglicht es, Kartoffeln über Jahre hinweg zu lagern und zu verwenden.
  - *Wo zu erwerben:* Chuño ist außerhalb Südamerikas schwer zu finden. In einigen internationalen Märkten oder über Online-Shops, die sich auf südamerikanische Produkte spezialisieren, könnten Sie jedoch fündig werden.

o *Alternativen:* Als Ersatz für Chuño können Sie gefriergetrocknete Kartoffeln verwenden, die in Outdoor- und Campinggeschäften erhältlich sind. Diese ähneln in ihrer Textur und ihrem Wasserentzugsprozess der Chuño und können ähnlich in Speisen verwendet werden.

• Ají: Diese scharfe Soße oder Paste ist ein Grundbestandteil der bolivianischen Küche und verleiht vielen Gerichten ihre charakteristische Würze. Ají wird aus lokalen Chilischoten hergestellt und variiert von Region zu Region in Schärfe und Aroma.

o *Wo zu erwerben:* Ají-Paste oder -Soße finden Sie in lateinamerikanischen Lebensmittelgeschäften oder in gut sortierten Supermärkten im internationalen Abschnitt. Online-Shops für exotische Lebensmittel führen ebenfalls oft Ají-Produkte.

o *Alternativen:* Eine mögliche Alternative ist die Verwendung von anderen scharfen Chilisoßen wie Sambal Oelek oder Harissa, obwohl diese einen anderen Geschmackscharakter haben. Für eine mildere Variante könnten Sie eine Mischung aus Paprikapulver und einer Prise Cayennepfeffer verwenden, um die Schärfe und Farbe von Ají nachzuahmen.

• Pacú: Ein Süßwasserfisch, der häufig im Amazonasgebiet gefangen und aufgrund seines feinen Geschmacks und seiner saftigen Textur sehr geschätzt wird. Pacú wird oft gegrillt und mit einer Vielzahl von Beilagen serviert.

o *Wo zu erwerben:* Pacú ist außerhalb Südamerikas nicht leicht zu finden. In spezialisierten Fischmärkten oder bei Anbietern, die auf exotische oder importierte Fische spezialisiert sind, könnten Sie jedoch Erfolg haben.

o *Alternativen:* Als Alternative zu Pacú können Sie andere fettreiche Süßwasserfische wie Karpfen oder Tilapia verwenden. Diese Fische haben eine ähnliche Textur und eignen sich gut zum Grillen oder Braten.

Diese Zutaten und viele andere prägen die bolivianische Küche und verleihen ihr eine unvergleichliche Vielfalt und Tiefe. Beim Kochen bolivianischer Rezepte laden wir Sie ein, die reiche Kulturgeschichte, die hinter jedem Gericht steht, zu erkunden und zu genießen. Lassen Sie sich auf eine kulinarische Entdeckungsreise ein, die Ihre Sinne belebt und Ihnen neue Geschmackserlebnisse bietet.

Frühstück

API MORADO CON PASTEL DE QUESO |

LILA MAISGETRÄNK MIT KÄSETEIGFLADEN

4 Port. 45 Min. Leicht

Zutaten

Für den Api Morado:
200 g gemahlener lila Mais
1,5 Liter Wasser
2 Zimtstangen
4 Nelken
150 g Zucker

Für den Pastel de Queso:
250 g Mehl
1 TL Backpulver
1 Prise Salz
100 ml Wasser
50 ml Pflanzenöl
200 g Käse (mittelhart), gerieben

Nährwerte p. P.

485 kcal
75 g Kohlenhydrate
18 g Fett
12 g Eiweiß

1 Beginnen Sie mit dem Api Morado. Mischen Sie den gemahlenen lila Mais mit Wasser in einem großen Topf. Fügen Sie Zimtstangen und Nelken hinzu und bringen Sie die Mischung zum Kochen.

2 Reduzieren Sie die Hitze und lassen Sie das Getränk unter gelegentlichem Rühren etwa 30 Minuten köcheln, bis es eindickt. Nehmen Sie es dann vom Herd und rühren Sie den Zucker ein, bis er sich vollständig aufgelöst hat.

3 Während der Api Morado köchelt, bereiten Sie den Pastel de Queso vor. Sieben Sie das Mehl in eine Schüssel und vermischen Sie es mit Backpulver und Salz.

4 Fügen Sie Wasser und Öl zum Mehl hinzu und verkneten Sie alles zu einem glatten Teig. Teilen Sie den Teig in acht gleich große Stücke. Rollen Sie jedes Stück aus und geben Sie auf jede Mitte etwas geriebenen Käse.

5 Falten Sie den Teig über dem Käse zusammen und drücken Sie die Ränder fest, um sie zu versiegeln.

6 Erhitzen Sie eine Pfanne bei mittlerer Hitze und backen Sie die Teigfladen, bis sie auf beiden Seiten goldbraun sind, etwa 3 Minuten pro Seite. Servieren Sie den heißen Api Morado zusammen mit den warmen Käseteigfladen.

CUÑAPÉ |

KÄSEBRÖTCHEN AUS MANIOKMEHL

 12 Port.  35 Min.  Leicht

Zutaten

400 g Maniokmehl (Tapiokastärke)
300 g geriebener Mozzarella
100 g geriebener Parmesan
1 Ei
120 ml Milch
60 ml Pflanzenöl
1 TL Salz

Nährwerte p. P.

330 kcal
45 g Kohlenhydrate
12 g Fett
8 g Eiweiß

1 Heizen Sie den Backofen auf eine Temperatur von 200 °C Ober-/Unterhitze vor. Bereiten Sie ein Backblech vor, indem Sie es mit Backpapier auslegen, um ein Anhaften der Brötchen zu verhindern.

2 Kombinieren Sie in einer großen Rührschüssel das Maniokmehl mit dem geriebenen Mozzarella und Parmesan. Mischen Sie diese trockenen Zutaten gründlich, sodass der Käse gleichmäßig verteilt ist.

3 Schlagen Sie in einer weiteren mittelgroßen Schüssel das Ei auf. Fügen Sie Milch, Öl und Salz hinzu und verquirlen Sie alles gut miteinander, bis eine homogene Flüssigkeit entsteht.

4 Gießen Sie die flüssigen Zutaten langsam zu der Mehlmischung, während Sie stetig rühren, um sicherzustellen, dass keine Klumpen entstehen. Kneten Sie den Teig, bis er weich und formbar ist. Nehmen Sie kleine Portionen des Teigs und rollen Sie diese zu Kugeln, die etwa die Größe eines Golfballs haben. Dies sorgt für gleichmäßig gebackene Brötchen.

5 Platzieren Sie die Teigkugeln auf dem vorbereiteten Backblech, wobei Sie darauf achten sollten, zwischen den Kugeln genügend Abstand zu lassen, da sie beim Backen aufgehen.

6 Schieben Sie das Backblech in den vorgeheizten Ofen und backen Sie die Cuñapés für ungefähr 20 Minuten. Die Brötchen sind fertig, wenn sie eine schöne goldbraune Farbe angenommen haben und aufgegangen sind.

SALTEÑAS |

GEFÜLLTE TEIGTASCHEN

8 Port.

2 Std.

Mittel

Zutaten

Für den Teig:
500 g Mehl
1 TL Salz
100 g Butter, kalt
1 Ei
100 ml Wasser
1 TL Zucker

Für die Füllung:
300 g Rindfleisch, gewürfelt
1 mittelgroße Zwiebel, gewürfelt
1 rote Paprika, gewürfelt
2 Kartoffeln, klein gewürfelt
100 ml Rinderbrühe
1 TL Paprikapulver
Je ½ TL Kreuzkümmel und Oregano
Salz und Pfeffer nach Geschmack
2 EL Zucker
1 EL Olivenöl
1 Ei, verquirlt

Nährwerte p. P.

350 kcal
40 g Kohlenhydrate
15 g Fett
20 g Eiweiß

1 Heizen Sie den Backofen auf 180 °C Ober-/Unterhitze vor. Für den Teig sieben Sie das Mehl zusammen mit dem Salz in eine große Schüssel. Fügen Sie die kalte, in Würfel geschnittene Butter hinzu und verkneten Sie diese mit dem Mehl, bis eine krümelige Masse entsteht. In einer kleinen Schüssel das Ei mit Wasser und Zucker verquirlen. Diese Mischung dann langsam zum Mehl geben und alles zu einem geschmeidigen Teig verarbeiten. Wickeln Sie den Teig in Frischhaltefolie und kühlen Sie ihn für mindestens 30 Minuten.

2 Erhitzen Sie Olivenöl in einer Pfanne und braten Sie die Zwiebelwürfel an, bis sie glasig sind. Geben Sie das gewürfelte Rindfleisch hinzu und braten Sie es an, bis es rundum braun ist. Fügen Sie Paprika, Kartoffeln, Paprikapulver, Kreuzkümmel und Oregano hinzu und kochen Sie alles für einige Minuten, bevor Sie die Rinderbrühe und den Zucker einrühren. Lassen Sie die Mischung köcheln, bis die Flüssigkeit fast vollständig eingekocht ist. Würzen Sie mit Salz und Pfeffer.

3 Rollen Sie den gekühlten Teig auf einer leicht bemehlten Oberfläche aus. Schneiden Sie Kreise aus (etwa 15 cm Durchmesser). Verteilen Sie die Fleischmischung gleichmäßig auf der Mitte jedes Teigkreises. Falten Sie den Teig über der Füllung zu Halbmonden und drücken Sie die Ränder fest zusammen, um sie zu versiegeln.

4 Bestreichen Sie die Oberfläche der Salteñas mit einem verquirlten Ei, um beim Backen eine goldene Farbe zu erreichen. Backen Sie die Salteñas für etwa 30 Minuten im vorgeheizten Ofen, bis sie goldbraun sind.

HUMINTAS |

MAISPÄCKCHEN

10 Port. 1,5 Std. Mittel

Zutaten

500 g frisch gemahlener Mais
200 g geriebener Käse (z. B. Queso Fresco)
100 ml Milch
50 g Butter, geschmolzen
1 TL Salz
Maisblätter zum Einwickeln

Optional:
2 Jalapeños, fein gehackt

Nährwerte p. P.

250 kcal
35 g Kohlenhydrate
9 g Fett
6 g Eiweiß

1 Stellen Sie die Temperatur des Backofens auf 180 °C ein und wählen Sie dabei die Einstellung für Ober- und Unterhitze.

2 Vermengen Sie in einer umfangreichen Schüssel den frisch gemahlenen Mais, den Käse, die optionalen Jalapeños, die Milch, die geschmolzene Butter und das Salz, bis alles gut verbunden ist.

3 Weichen Sie die Maisblätter in warmem Wasser ein, um sie geschmeidig zu machen. Platzieren Sie auf jedem Maisblatt eine geeignete Portion der Mais-Käse-Mischung. Schließen Sie das Blatt sorgsam, um die Füllung vollständig zu umhüllen.

4 Sichern Sie jedes Päckchen mit Küchengarn oder Streifen aus Maisblättern, damit sie während des Garvorgangs nicht aufgehen.

5 Arrangieren Sie die Humintas auf einem Backblech oder setzen Sie sie in einen Dampfkochtopf, abhängig davon, ob Sie backen oder dämpfen möchten.

6 Garen Sie die Humintas etwa 50 Minuten lang, bis der Mais vollständig durch ist und die Füllung heiß sowie der Käse geschmolzen ist.

7 Holen Sie die Humintas aus dem Ofen oder aus dem Dampftopf und öffnen Sie vorsichtig ein Päckchen, um zu prüfen, ob sie durchgegart sind.

MARRAQUETA |

KNUSPRIGES BRÖTCHEN

8 Port.

2 Std.
20 Min.

Mittel

Zutaten

500 g Mehl, Typ 550
10 g Salz
10 g Zucker
5 g Trockenhefe
300 ml Wasser, lauwarm
20 ml Milch für die Glasur

Nährwerte p. P.

180 kcal
36 g Kohlenhydrate
1 g Fett
6 g Eiweiß

1 Aktivieren Sie die Trockenhefe, indem Sie sie zusammen mit dem Zucker in das lauwarme Wasser einrühren. Lassen Sie die Mischung etwa 10 Minuten stehen, bis sie schaumig wird. Vermengen Sie das Mehl mit dem Salz in einer großen Rührschüssel. Gießen Sie die Hefe-Wasser-Mischung zum Mehl und verkneten Sie alles zu einem glatten Teig. Dies kann einige Minuten in Anspruch nehmen.

2 Bedecken Sie den Teig mit einem sauberen Küchentuch und stellen Sie ihn an einen warmen Ort. Der Teig sollte ungefähr 1 Stunde gehen, bis er sein Volumen verdoppelt hat.

3 Teilen Sie den aufgegangenen Teig in acht gleiche Stücke. Formen Sie jedes Stück zu einer langen Rolle und schneiden Sie diese längs zur Hälfte ein, lassen dabei aber das letzte Drittel ungeschnitten. Falten Sie die Rollen entlang des Schnittes, sodass die Schnittflächen nach außen zeigen. Dies gibt den Brötchen ihre typische Form.

4 Legen Sie die geformten Teigstücke auf ein mit Backpapier ausgelegtes Backblech. Lassen Sie sie weitere 30 Minuten ruhen. Bestreichen Sie die Oberfläche der Brötchen kurz vor dem Backen mit Milch, um eine glänzende Oberfläche zu erhalten.

5 Schalten Sie den Backofen auf 220 °C Ober-/Unterhitze und backen Sie die Marraquetas für etwa 20 Minuten, bis sie goldbraun und knusprig sind.

SOPA DE MANÍ |

ERDNUSSSUPPE

6 Port.

1 Std.

Mittel

Zutaten

500 g Rindfleisch, in Würfel geschnitten
100 g geröstete Erdnüsse, fein gemahlen
1 große Zwiebel, gewürfelt
Je 2 Karotten und Kartoffeln, gewürfelt
3 Knoblauchzehen, fein gehackt
1 Liter Rinderbrühe
2 EL Pflanzenöl
1 TL Salz
Je ½ TL Pfeffer und gemahlener Kreuzkümmel
Frischer Koriander zum Garnieren

Nährwerte p. P.

420 kcal
18 g Kohlenhydrate
28 g Fett
24 g Eiweiß

1 Erhitzen Sie das Pflanzenöl in einem großen Topf bei mittlerer Hitze. Geben Sie die Zwiebel- und Knoblauchwürfel in den Topf und braten Sie sie, bis sie weich und glasig sind.

2 Fügen Sie die Rindfleischwürfel hinzu und braten Sie sie an, bis sie rundum braun sind. Streuen Sie Salz, Pfeffer und Kreuzkümmel über das Fleisch und rühren Sie um, um die Gewürze gleichmäßig zu verteilen.

3 Geben Sie die gewürfelten Karotten und Kartoffeln in den Topf und rühren Sie, um alle Zutaten zu vermischen.

4 Gießen Sie die Rinderbrühe hinzu und bringen Sie die Suppe zum Kochen. Reduzieren Sie die Hitze und lassen Sie die Suppe 30 Minuten köcheln.

5 Rühren Sie die gemahlenen Erdnüsse ein und kochen Sie die Suppe weitere 20 Minuten, bis sie eindickt und die Kartoffeln sowie Karotten weich sind.

6 Schmecken Sie die Suppe abschließend ab und passen Sie die Gewürze nach Bedarf an. Garnieren Sie jede Portion mit frischem Koriander.

TRANCAPECHO |

SCHNITZELSANDWICH

4 Port.

45 Min.

Mittel

Zutaten

4 dünne Rindfleisch-schnitzel
4 große Brötchen
2 große Kartoffeln, ge-kocht und in Scheiben geschnitten
200 g gekochter Reis
4 Eier
100 g Salatblätter
2 Tomaten, in Scheiben geschnitten
Salz und Pfeffer zum Würzen
Öl zum Braten

Nährwerte p. P.

650 kcal
85 g Kohlenhydrate
22 g Fett
35 g Eiweiß

1 Würzen Sie die Rindfleischschnitzel mit Salz und Pfeffer. Erhitzen Sie etwas Öl in einer Pfanne und braten Sie die Schnitzel auf beiden Seiten an, bis sie goldbraun und durchgegart sind.

2 Braten Sie in der gleichen Pfanne die Eier, am besten spiegeleierartig, bis das Eiweiß fest ist, aber das Eigelb noch leicht flüssig bleibt.

3 Schneiden Sie die Brötchen auf und toasten Sie die Innenseiten leicht in einer Pfanne oder auf einem Grill, um sie knusprig zu machen.

4 Legen Sie auf jede Brötchenunterseite eine Schicht gekochten Reis, gefolgt von einigen Scheiben der gekochten Kartoffeln.

5 Platzieren Sie ein Schnitzel auf den Kartoffelscheiben und legen Sie ein gebratenes Ei darauf.

6 Fügen Sie Tomatenscheiben und Salatblätter hinzu und würzen Sie mit ein wenig mehr Salz und Pfeffer.

7 Decken Sie die Sandwiches mit den oberen Hälften der Brötchen ab und drücken Sie sie leicht zusammen.

MAJADITO |

REISGERICHT MIT GETROCKNETEM FLEISCH

6 Port.

1 Std.
10 Min.

Mittel

Zutaten

300 g getrocknetes Rindfleisch, über Nacht eingeweicht und zerkleinert
400 g Reis
1 Liter Wasser
2 gelbe Bananen, in Scheiben
4 gekochte Eier, geviertelt
1 große Zwiebel, fein gewürfelt
1 rote Paprika, gewürfelt
2 Knoblauchzehen, fein gehackt
1 TL Paprikapulver
½ TL Kurkuma
4 EL Pflanzenöl
Salz und Pfeffer nach Geschmack

Nährwerte p. P.

530 kcal
70 g Kohlenhydrate
15 g Fett
30 g Eiweiß

1 Erhitzen Sie das Öl in einer tiefen Pfanne oder einem Topf bei mittlerer Hitze. Fügen Sie die Zwiebel und den Knoblauch hinzu und dünsten Sie beides, bis sie transparent werden.

2 Geben Sie die gewürfelte rote Paprika hinzu und braten Sie sie mit, bis sie weich wird. Geben Sie das eingeweichte, zerkleinerte Rindfleisch in den Topf und braten Sie es an, bis es leicht gebräunt ist.

3 Streuen Sie Paprikapulver und Kurkuma darüber und rühren Sie gut um, damit das Fleisch gleichmäßig gewürzt wird. Fügen Sie den Reis hinzu und rösten Sie ihn kurz mit, bis er von den Gewürzen und dem Öl überzogen ist.

4 Gießen Sie das Wasser ein, bringen Sie die Mischung zum Kochen, reduzieren Sie dann die Hitze und lassen Sie den Reis köcheln, bis er weich und die Flüssigkeit fast vollständig absorbiert ist.

5 In der Zwischenzeit braten Sie die Bananenscheiben in einer separaten Pfanne, bis sie auf beiden Seiten goldbraun sind.

6 Wenn der Reis gar ist, rühren Sie das Fleisch noch einmal um und prüfen die Würzung. Korrigieren Sie Salz und Pfeffer nach Bedarf.

7 Verteilen Sie den Majadito auf Serviertellern, legen Sie die gebratenen Bananenscheiben und die geviertelten Eier darauf.

Salate

ENSADA DE QUINUA |

QUINOASALAT

4 Port. 25 Min. Leicht

Zutaten

200 g Quinoa
2 große Tomaten, gewürfelt
1 Bund Petersilie, fein gehackt
Saft von 1 Zitrone
3 EL Olivenöl
Salz und Pfeffer nach Geschmack

Nährwerte p. P.

220 kcal
32 g Kohlenhydrate
8 g Fett
6 g Eiweiß

1 Spülen Sie die Quinoa unter fließendem kalten Wasser ab, bis das Wasser klar bleibt.

2 Kochen Sie die Quinoa gemäß den Anweisungen auf der Packung, bis sie weich und das Wasser vollständig absorbiert ist.

3 Nehmen Sie die Quinoa vom Herd und lassen Sie sie einige Minuten abkühlen.

4 In einer großen Salatschüssel die abgekühlte Quinoa mit den gewürfelten Tomaten und der gehackten Petersilie vermischen.

5 Fügen Sie den frisch gepressten Zitronensaft und das Olivenöl hinzu. Würzen Sie den Salat mit Salz und Pfeffer. Vermengen Sie alle Zutaten gründlich, sodass die Aromen sich gut verbinden.

6 Stellen Sie den Salat vor dem Servieren kurz in den Kühlschrank, damit die Aromen sich voll entfalten können.

ENSALADA DE PALMITO |

PALMHERZENSALAT

4 Port.

15 Min.

Leicht

Zutaten

400 g Palmherzen, in Scheiben geschnitten
2 große Tomaten, gewürfelt
1 mittelgroße rote Zwiebel, fein gehackt
Saft von 2 Zitronen
4 EL Olivenöl
Salz und frisch gemahlener schwarzer Pfeffer nach Geschmack

Nährwerte p. P.

150 kcal
10 g Kohlenhydrate
11 g Fett
3 g Eiweiß

1 Schneiden Sie die Palmherzen vorsichtig in dünne Scheiben und legen Sie diese in eine große Salatschüssel. Fügen Sie die gewürfelten Tomaten und die fein gehackte rote Zwiebel hinzu.

2 Bereiten Sie das Dressing vor, indem Sie den frisch gepressten Zitronensaft in einer kleinen Schüssel mit dem Olivenöl vermischen. Würzen Sie diese Mischung mit Salz und schwarzem Pfeffer.

3 Gießen Sie das Dressing über die Salatzutaten in der Schüssel und vermengen Sie alles sorgfältig, sodass die Zutaten gleichmäßig mit dem Dressing überzogen sind.

4 Stellen Sie den Salat für etwa 5 Minuten in den Kühlschrank, damit sich die Aromen besser verbinden können.

5 Nehmen Sie den Salat aus dem Kühlschrank und rühren Sie ihn kurz durch, bevor Sie ihn servieren.

SOLTERO DE QUESO |

KÄSESALAT „SOLTERO“

 4 Port.
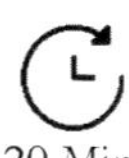 20 Min.
 Leicht

Zutaten

200 g Feta-Käse, zerkrümelt
150 g Maiskörner, abgetropft
1 große rote Zwiebel, in dünne Ringe geschnitten
2 reife Tomaten, in Würfel geschnitten
1 Handvoll frische Kräuter (z. B. Koriander, Petersilie), gehackt
3 EL Olivenöl
1 EL Weißweinessig
Salz und frisch gemahlener schwarzer Pfeffer nach Geschmack

Nährwerte p. P.

270 kcal
20 g Kohlenhydrate
17 g Fett
12 g Eiweiß

1 Geben Sie den zerkrümelten Feta, die Maiskörner, die Zwiebelringe und die gewürfelten Tomaten in eine große Salatschüssel. Streuen Sie die gehackten frischen Kräuter über die Salatzutaten.

2 Vermischen Sie das Olivenöl und den Weißweinessig in einer kleinen Schale zu einem Dressing. Würzen Sie dieses mit einer Prise Salz und einer kräftigen Drehung aus der Pfeffermühle.

3 Verteilen Sie das Dressing gleichmäßig über dem Salat und wenden Sie alle Zutaten vorsichtig, bis sie vollständig mit dem Dressing überzogen sind.

4 Lassen Sie den Salat kurz ruhen, damit die Aromen sich entfalten können, bevor Sie ihn auf Teller verteilen.

PICO DE GALLO |

BOLIVIANISCHER SALSA-SALAT

4 Port.

10 Min.

Leicht

Zutaten

4 große reife Tomaten, fein gewürfelt
1 mittelgroße rote Zwiebel, fein gehackt
2 Jalapeños, entkernt und fein gehackt
1 Bund frischer Koriander, fein gehackt
Saft von 2 Limetten
Salz nach Geschmack

Nährwerte p. P.

35 kcal
8 g Kohlenhydrate
0 g Fett,
1 g Eiweiß

1 Bereiten Sie die Tomaten vor, indem Sie sie gründlich waschen und in feine Würfel schneiden.

2 Hacken Sie die rote Zwiebel und die Jalapeños ebenfalls sehr fein, nachdem Sie die Jalapeños entkernt haben, um die Schärfe etwas zu reduzieren.

3 Waschen Sie den Koriander, schütteln Sie ihn trocken und hacken Sie ihn fein. Geben Sie die Tomaten, Zwiebeln, Jalapeños und den Koriander in eine mittelgroße Schüssel. Drücken Sie den Saft der Limetten darüber und streuen Sie etwas Salz hinzu.

4 Mischen Sie alle Zutaten sorgfältig, bis sie gleichmäßig mit dem Limettensaft und dem Salz vermischt sind.

5 Servieren Sie den Salat sofort oder stellen Sie ihn für einige Minuten in den Kühlschrank, um die Aromen intensiver zu verbinden.

ENSALADA DE LLAJWA |

SCHARFER TOMATENSALAT

4 Port.

15 Min.

Leicht

Zutaten

3 große Tomaten, sehr fein gewürfelt
2 Locotos (bolivianische Chilis), entkernt und fein gehackt
1 kleine Zwiebel, fein gewürfelt
1 Bund frischer Koriander, fein gehackt
Salz nach Geschmack

Nährwerte p. P.

20 kcal
4 g Kohlenhydrate
0 g Fett
1 g Eiweiß

1 Waschen Sie die Tomaten gründlich und würfeln Sie sie so fein wie möglich. Entfernen Sie bei den Locotos die Kerne und hacken Sie sie ebenfalls sehr fein, um die gewünschte Schärfe zu erzielen.

2 Schälen Sie die Zwiebel und hacken Sie sie in feine Würfel. Waschen Sie den Koriander, schütteln Sie das überschüssige Wasser ab und hacken Sie die Blätter und Stiele fein.

3 Kombinieren Sie die Tomaten, Locotos, Zwiebeln und den Koriander in einer mittelgroßen Schüssel. Fügen Sie eine Prise Salz hinzu und vermischen Sie alle Zutaten gründlich.

4 Probieren Sie den Salat und passen Sie die Würzung gegebenenfalls an, um das gewünschte Maß an Schärfe zu erreichen.

ENSALADA DE CHOCLO |

MAISKORNSALAT

4 Port. 20 Min. Leicht

Zutaten

400 g süßer Mais, gekocht
1 große rote Paprika, in dünne Streifen geschnitten
3 Frühlingszwiebeln, in dünne Scheiben geschnitten
Saft von 2 Limetten
3 EL Olivenöl
Salz und frisch gemahlener schwarzer Pfeffer nach Geschmack

Nährwerte p. P.

180 kcal
27 g Kohlenhydrate
7 g Fett
4 g Eiweiß

1 Geben Sie den gekochten Mais in eine große Salatschüssel. Fügen Sie die geschnittenen roten Paprikastreifen und die geschnittenen Frühlingszwiebeln hinzu.

2 Verquirlen Sie den Limettensaft in einer passenden Schale mit dem Olivenöl. Würzen Sie diese Mischung mit Salz und Pfeffer.

3 Verteilen Sie das Limetten-Olivenöl-Dressing über den Zutaten in der Schüssel und vermischen Sie alles gründlich, um sicherzustellen, dass der Salat gleichmäßig gewürzt ist.

4 Stellen Sie den Salat kurz in den Kühlschrank, damit er durchkühlen kann und die Aromen sich besser verbinden.

5 Servieren Sie den Maiskornsalat gekühlt, ideal als erfrischende Beilage zu gegrilltem Fleisch oder Fisch.

ENSALADA DE APIOS |

SELLERIESALAT

4 Port.

15 Min.

Leicht

Zutaten

4 Stangen Sellerie, dünn geschnitten
2 Karotten, geschält und geraspelt
50 g Walnüsse, grob gehackt
150 g Naturjoghurt
1 EL Zitronensaft
Salz und frisch gemahlener schwarzer Pfeffer nach Geschmack

Nährwerte p. P.

140 kcal
12 g Kohlenhydrate
9 g Fett
3 g Eiweiß

1 Schneiden Sie Sellerie und Karotten in feine Streifen. Für die Karotten können Sie auch eine Reibe verwenden, um sie in dünne Fäden zu verwandeln.

2 Hacken Sie die Walnüsse grob und geben Sie sie zusammen mit den vorbereiteten Sellerie- und Karottenstreifen in eine große Salatschüssel.

3 Rühren Sie in einer separaten kleinen Schüssel den Naturjoghurt und den Zitronensaft glatt. Würzen Sie diese cremige Mischung mit einer Prise Salz und einer großzügigen Menge frisch gemahlenem schwarzen Pfeffer.

4 Gießen Sie das Joghurt-Dressing über die Gemüse- und Walnussmischung und werfen Sie alles sorgfältig, bis der Salat gleichmäßig benetzt ist.

5 Kühlen Sie den Salat für einige Minuten im Kühlschrank, bevor Sie ihn servieren, um die Frische zu maximieren.

Suppen

LAWA DE CHOCLO |

MAISSUPPE

4 Port.

45 Min.

Mittel

Zutaten

500 g frische Maiskörner oder gefrorener Mais
1 Liter Gemüsebrühe
100 g frischer Käse, gewürfelt
1 mittelgroße Zwiebel, fein gewürfelt
2 Knoblauchzehen, fein gehackt
1 EL Olivenöl
1 TL Kreuzkümmel
Salz und Pfeffer nach Geschmack
Frischer Koriander zum Garnieren

Nährwerte p. P.

200 kcal
30 g Kohlenhydrate
8 g Fett
7 g Eiweiß

1 Erhitzen Sie das Olivenöl in einem großen Topf über mittlerer Hitze. Fügen Sie Zwiebel und Knoblauch hinzu und dünsten Sie beides, bis sie weich und durchsichtig sind.

2 Geben Sie den Mais und Kreuzkümmel in den Topf und braten Sie ihn einige Minuten an, bis der Mais leicht geröstete Aromen entwickelt.

3 Gießen Sie die Gemüsebrühe dazu und bringen Sie die Mischung zum Kochen. Reduzieren Sie die Hitze und lassen Sie die Suppe etwa 20 Minuten köcheln, bis der Mais weich ist.

4 Pürieren Sie die Suppe mit einem Stabmixer oder in einem Standmixer, bis sie eine gleichmäßig dicke Konsistenz erreicht.

5 Rühren Sie den gewürfelten Käse unter und kochen Sie die Suppe weiter, bis der Käse schmilzt und die Suppe cremig wird. Schmecken Sie mit Salz und Pfeffer ab.

6 Garnieren Sie die fertige Suppe mit frischem Koriander und servieren Sie sie heiß.

CHAIRO PACEÑO |

SUPPE AUS LA PAZ

6 Port.

2 Std.

Mittel

Zutaten

300 g Lamm- oder Rindfleisch, in Würfel geschnitten
200 g getrocknete Kartoffeln (Chuño), über Nacht eingeweicht und grob zerkleinert
100 g Maiskörner
1 große Zwiebel, gewürfelt
2 Karotten, gewürfelt
2 Stangen Sellerie, gewürfelt
1 Bund frischer Koriander, gehackt
3 Knoblauchzehen, fein gehackt
1 TL gemahlener Cumin
1 TL getrockneter Oregano
1,5 Liter Rinder- oder Gemüsebrühe
Salz und Pfeffer nach Geschmack
2 EL Pflanzenöl

Nährwerte p. P.

420 kcal
50 g Kohlenhydrate
12 g Fett
35 g Eiweiß

1 Erhitzen Sie das Öl in einem großen Suppentopf bei mittlerer Hitze. Braten Sie die Zwiebel- und Knoblauchwürfel an, bis sie weich sind. Fügen Sie das Fleisch hinzu und braten Sie es, bis es von allen Seiten braun ist.

2 Streuen Sie Cumin und Oregano über das Fleisch und rühren Sie um, um die Gewürze gleichmäßig zu verteilen.

3 Geben Sie die Karotten und den Sellerie in den Topf und rühren Sie, damit sich die Aromen verbinden.

4 Fügen Sie die eingeweichten und zerkleinerten Chuños sowie die Maiskörner hinzu. Gießen Sie die Brühe darüber und bringen Sie die Suppe zum Kochen.

5 Senken Sie die Hitze und lassen Sie die Suppe etwa 1,5 Stunden köcheln, bis alle Zutaten weich sind und die Aromen sich voll entfaltet haben.

6 Schmecken Sie die Suppe mit Salz und Pfeffer ab und rühren Sie den frischen Koriander unter.

SOPA DE QUINUA |

QUINOASUPPE

6 Port. 1 Std. Mittel

Zutaten

200 g Quinoa, gut gespült
300 g Rindfleisch oder Huhn, in Würfel geschnitten
2 mittelgroße Kartoffeln, gewürfelt
2 Karotten, gewürfelt
1 Zwiebel, gewürfelt
2 Liter Rinder- oder Hühnerbrühe
2 EL Olivenöl
1 Bund frischer Koriander, gehackt
Salz und Pfeffer nach Geschmack

Nährwerte p. P.

320 kcal
40 g Kohlenhydrate
8 g Fett
20 g Eiweiß

1 Erhitzen Sie das Olivenöl in einem großen Topf bei mittlerer Hitze. Fügen Sie die gewürfelte Zwiebel hinzu und dünsten Sie sie, bis sie glasig ist.

2 Geben Sie das Fleisch in den Topf und braten Sie es an, bis es rundum gebräunt ist.

3 Fügen Sie die gewürfelten Kartoffeln und Karotten hinzu und lassen Sie diese einige Minuten mitdünsten.

4 Streuen Sie die Quinoa in den Topf und rühren Sie sie unter die anderen Zutaten, damit sie gleichmäßig verteilt ist.

5 Gießen Sie die Brühe über die Zutaten und bringen Sie die Suppe zum Kochen.

6 Reduzieren Sie die Hitze und lassen Sie die Suppe etwa 30 Minuten köcheln, bis die Quinoa und das Gemüse weich sind.

7 Würzen Sie die Suppe mit Salz und Pfeffer und rühren Sie den gehackten Koriander kurz vor dem Servieren unter.

AJÍ DE FIDEO |

NUDELSUPPE MIT CHILI

4 Port.

45 Min.

Mittel

Zutaten

200 g dünne Nudeln
300 g Rindfleisch, in kleine Stücke geschnitten
1 große Tomate, fein gewürfelt
2 EL Ají-Paste (bolivianische Chilipaste)
1 Zwiebel, fein gehackt
2 Knoblauchzehen, fein gehackt
1 Liter Rinderbrühe
2 EL Pflanzenöl
1 TL Kreuzkümmel
1 TL Oregano
Salz und Pfeffer nach Geschmack

Nährwerte p. P.

360 kcal
40 g Kohlenhydrate
12 g Fett
25 g Eiweiß

1 Erhitzen Sie das Öl in einem großen Topf auf mittlerer Stufe. Braten Sie die Zwiebel und den Knoblauch im heißen Öl an, bis sie weich und aromatisch sind.

2 Fügen Sie das Rindfleisch hinzu und braten Sie es, bis es rundum braun ist. Geben Sie die Tomatenwürfel, Ají-Paste, Kreuzkümmel und Oregano dazu und rühren Sie um, damit sich die Gewürze gleichmäßig verteilen.

3 Gießen Sie die Rinderbrühe dazu und erhöhen Sie die Hitze, um die Suppe zum Kochen zu bringen.

4 Sobald die Suppe kocht, fügen Sie die Nudeln hinzu und kochen sie gemäß den Anweisungen auf der Packung, bis sie weich sind.

5 Schmecken Sie die Suppe mit Salz und Pfeffer ab und passen Sie die Würze nach Ihrem Geschmack an.

LOCRO DE PAPA |

KARTOFFELSUPPE

4 Port. 50 Min. Leicht

Zutaten

500 g Kartoffeln, geschält und gewürfelt
1 Liter Gemüse- oder Hühnerbrühe
1 große Zwiebel, fein gewürfelt
2 Knoblauchzehen, fein gehackt
200 g Frischkäse oder zerbröckelter Feta
2 EL Öl
Salz und Pfeffer nach Geschmack

Optional:
1 Avocado, gewürfelt
2 hart gekochte Eier, geviertelt

Nährwerte p. P.

310 kcal
38 g Kohlenhydrate
12 g Fett
12 g Eiweiß

1 Erhitzen Sie das Öl in einem großen Topf bei mittlerer Hitze. Dünsten Sie die Zwiebel und den Knoblauch im heißen Öl, bis sie transparent und weich sind. Fügen Sie die Kartoffelwürfel hinzu und rühren Sie alles gut um.

2 Gießen Sie die Brühe in den Topf und bringen Sie die Mischung zum Kochen. Reduzieren Sie die Hitze und lassen Sie die Suppe etwa 20 Minuten köcheln oder bis die Kartoffeln weich sind.

3 Pürieren Sie die Suppe mit einem Stabmixer direkt im Topf, bis sie eine glatte Konsistenz hat.

4 Rühren Sie den Käse ein, bis er vollständig geschmolzen ist und die Suppe cremig wird. Schmecken Sie mit Salz und Pfeffer ab.

5 Garnieren Sie jede Portion mit einigen Avocadowürfeln und einem Viertel eines hart gekochten Eis, falls verwendet.

Brote

PASTEL DE CHOCLO |

MAISBROT

6 Port.

1 Std. 10 Min.

Leicht

Zutaten

300 g fein gemahlener Mais
200 ml Milch
100 g Butter, geschmolzen
2 Eier
100 g Zucker (für süßes Brot) oder 1 TL Salz (für herzhaftes Brot)

Optional:
100 g geriebener Käse oder 2 fein gehackte Jalapeños

Nährwerte p. P.

220 kcal
30 g Kohlenhydrate
8 g Fett
6 g Eiweiß

1 Heizen Sie Ihren Backofen auf 180 °C (Ober-/Unterhitze) vor.

2 Kombinieren Sie in einer großen Schüssel den gemahlenen Mais, Milch, geschmolzene Butter und Eier. Verquirlen Sie alles gründlich, bis eine homogene Masse entsteht.

3 Entscheiden Sie, ob Sie süßes oder herzhaftes Brot zubereiten möchten, und fügen Sie entsprechend Zucker oder Salz hinzu. Wenn Sie sich für die herzhafte Variante entscheiden, können Sie jetzt auch den geriebenen Käse oder die Jalapeños einrühren.

Süße Variante:

1 Zucker: Beginnen Sie mit 100 g Zucker, um eine angenehm süße Note zu erzielen. Möchten Sie ein dezenteres Süßaroma, reduzieren Sie die Menge auf etwa 50 bis 75 g. Für ein besonders süßes Brot können Sie bis zu 150 g Zucker verwenden.

2 Optional: Fügen Sie Vanilleextrakt (ca. 1 Teelöffel) für ein zusätzliches Aroma hinzu oder eine Prise Zimt (ca. ½ Teelöffel), um eine warme Würze zu verleihen.

Herzhafte Variante:

1 Salz: Für herzhaftes Brot empfiehlt sich die Zugabe von etwa 1 Teelöffel Salz, um die natürlichen Aromen des Maises hervorzuheben. Wenn Sie zusätzlich Käse oder Jalapeños hinzufügen, sollten Sie die Salzmenge eventuell leicht reduzieren, um die Balance der Geschmäcker zu wahren.

2 Geriebener Käse: Eine Menge von 100 g geriebenem Käse (wie Cheddar oder Mozzarella) ist ideal, um das Brot saftig und aromatisch zu machen. Für einen intensiveren Geschmack können Sie bis zu 150 g Käse hinzufügen.

3 Jalapeños: Beginnen Sie mit 2 fein gehackten Jalapeños für eine deutlich spürbare Schärfe. Für ein milder schmeckendes Brot reduzieren Sie die Menge auf 1 Jalapeño oder entfernen Sie die Samen, bevor Sie die Schoten hacken, um die Schärfe zu mildern.

4 Gießen Sie die Mais-Mischung in eine gefettete Backform.

5 Backen Sie das Brot im vorgeheizten Ofen für etwa 50 Minuten oder bis die Oberfläche goldbraun ist und ein eingesetzter Zahnstocher sauber herauskommt.

6 Nehmen Sie das Brot aus dem Ofen und lassen Sie es in der Form etwas abkühlen, bevor Sie es herausnehmen.

PAN WAWA |

BABYBROT

6 Port.

2 Std. 15 Min.

Mittel

Zutaten

500 g Weizenmehl
200 ml warmes Wasser
50 g Zucker
10 g Trockenhefe
1 TL Salz
1 Ei
1 Eigelb zum Bestreichen
Rosinen für die Augen

Nährwerte p. P.

280 kcal
55 g Kohlenhydrate
3 g Fett
9 g Eiweiß

1 Aktivieren Sie die Trockenhefe, indem Sie sie mit dem Zucker im warmen Wasser auflösen. Lassen Sie die Mischung etwa 10 Minuten ruhen, bis sie schäumt.

2 Sieben Sie das Mehl in eine große Schüssel und mischen Sie das Salz hinein. Gießen Sie die Hefemischung und das Ei in die Mehlmischung und beginnen Sie, alles zu einem glatten Teig zu verkneten.Übertragen Sie den Teig auf eine leicht bemehlte Arbeitsfläche und kneten Sie ihn weiter, bis er elastisch und weich ist, etwa 10 Minuten.

3 Formen Sie eine Kugel aus dem Teig und legen Sie diese in eine leicht geölte Schüssel. Decken Sie die Schüssel mit einem Tuch ab und stellen Sie sie an einen warmen Ort, um den Teig etwa 1 Stunde gehen zu lassen, bis er sich verdoppelt hat.

4 Teilen Sie den aufgegangenen Teig in sechs gleiche Teile. Formen Sie aus jedem Teil eine Figur, wie zum Beispiel ein kleines Menschen- oder Tiermodell. Verwenden Sie Rosinen, um Augen zu gestalten.

5 Platzieren Sie die geformten Brote auf einem mit Backpapier ausgelegten Backblech und lassen Sie sie nochmals 30 Minuten gehen.

6 Heizen Sie Ihren Backofen auf 180 °C Ober- /Unterhitze vor. Bestreichen Sie die Oberfläche der Brote vorsichtig mit dem verquirlten Eigelb, um ihnen beim Backen einen schönen Glanz zu verleihen.

7 Backen Sie die Brote für etwa 25 Minuten oder bis sie goldbraun sind.

SOMÚN |

BOLIVIANISCHES FLADENBROT

8 Port.

1,5 Std.

Mittel

Zutaten

500 g Weizenmehl
10 g Trockenhefe
1 TL Zucker
1 TL Salz
300 ml lauwarmes Wasser
2 EL Olivenöl

Nährwerte p. P.

180 kcal
36 g Kohlenhydrate
1 g Fett
6 g Eiweiß

1 Mischen Sie in einer großen Schüssel das Mehl mit Salz, Zucker und Trockenhefe.

2 Fügen Sie das lauwarme Wasser und das Olivenöl zu den trockenen Zutaten hinzu. Verkneten Sie alle Zutaten zu einem geschmeidigen Teig, bis dieser elastisch wird.

3 Formen Sie eine Kugel aus dem Teig und legen Sie ihn in eine geölte Schüssel. Decken Sie die Schüssel mit einem sauberen Tuch ab und stellen Sie sie an einen warmen Ort, damit der Teig für etwa 1 Stunde aufgehen kann, bis er sein Volumen verdoppelt hat.

4 Teilen Sie den aufgegangenen Teig in acht gleich große Stücke und formen Sie jede Portion zu einer Kugel.

5 Rollen Sie jede Kugel auf einer leicht bemehlten Oberfläche zu einem flachen Kreis aus, etwa 5 mm dick.

6 Stellen Sie die Backofentemperatur auf 230 °C (Ober-/Unterhitze) ein und lassen Sie ein Backblech im Ofen heiß werden.

7 Legen Sie die Fladenbrote auf das vorgeheizte Backblech und backen Sie sie etwa 5 bis 7 Minuten, bis sie aufgebläht und leicht gebräunt sind.

TOTENBROT

8 Port.

3 Std.

Schwer

Zutaten

500 g Weizenmehl
200 g Zucker
200 ml Milch
100 g Butter, weich
2 Eier
10 g Trockenhefe
1 TL Vanilleextrakt
1 TL Anis
½ TL Salz
Zusätzliche Eier und etwas Milch zum Bestreichen
Rosinen oder Schokoladenstücke für die Augen und Dekoration

Nährwerte p. P.

350 kcal
60 g Kohlenhydrate
8 g Fett
10 g Eiweiß

1 Kombinieren Sie Milch, Zucker, Butter und Vanilleextrakt in einem Topf und erwärmen Sie die Mischung leicht, bis die Butter geschmolzen ist und der Zucker sich aufgelöst hat.

2 Lösen Sie die Trockenhefe in einem kleinen Teil der warmen Milchmischung auf und lassen Sie sie etwa 10 Minuten aktivieren.

3 Sieben Sie das Mehl in eine große Schüssel und mischen Sie Salz und Anis unter. Geben Sie die Milchmischung, die aufgelöste Hefe und die Eier zum Mehl. Kneten Sie alles zu einem geschmeidigen Teig.

4 Decken Sie den Teig ab und lassen Sie ihn an einem warmen Ort gehen, bis er sein Volumen verdoppelt hat, was etwa 1 bis 1,5 Stunden dauern sollte.

5 Schalten Sie den Backofen auf 180 °C (Ober-/Unterhitze) ein. Teilen Sie den aufgegangenen Teig in Portionen und formen Sie daraus die gewünschten Figuren, wie Tiere oder menschliche Gesichter. Verwenden Sie Rosinen oder Schokoladenstücke, um Augen oder andere Details zu gestalten.

6 Legen Sie die geformten Brote auf ein mit Backpapier ausgelegtes Backblech. Bestreichen Sie die Oberfläche der Brote mit einer Mischung aus geschlagenem Ei und Milch, um einen schönen Glanz zu erzielen.

7 Backen Sie die Brote für etwa 25 bis 30 Minuten oder bis sie goldbraun sind.

PAN DE ARROZ |

REISBROT

6 Port.

2 Std.

Mittel

Zutaten

500 g Reismehl
10 g Trockenhefe
1 TL Zucker
1 TL Salz
300 ml warmes Wasser
50 ml Pflanzenöl

Optional:
Sesamsamen oder Kümmel zum Bestreuen

Nährwerte p. P.

210 kcal
40 g Kohlenhydrate
3 g Fett
4 g Eiweiß

1 Vermischen Sie in einer großen Schüssel das Reismehl mit dem Salz. In einem kleinen Behälter die Trockenhefe mit dem Zucker in warmem Wasser auflösen und etwa 10 Minuten stehen lassen, bis die Mischung schäumt. Gießen Sie die Hefe-Wasser-Mischung zusammen mit dem Pflanzenöl zum Reismehl.

2 Verkneten Sie die Mischung gründlich zu einem glatten Teig. Sollte der Teig zu trocken sein, fügen Sie schrittweise noch etwas Wasser hinzu, bis die gewünschte Konsistenz erreicht ist.

3 Formen Sie eine Kugel aus dem Teig und legen Sie diese in eine geölte Schüssel. Decken Sie die Schüssel mit einem feuchten Tuch ab und stellen Sie sie an einen warmen Ort, um den Teig etwa 1 Stunde gehen zu lassen, bis er sich sichtbar vergrößert hat.

4 Richten Sie den Backofen auf 180 °C (Ober-/Unterhitze) ein.

5 Formen Sie aus dem aufgegangenen Teig einen Brotlaib und legen Sie es auf ein mit Backpapier ausgelegtes Backblech. Bestreuen Sie das Brot nach Belieben mit Sesamsamen oder Kümmel.

6 Backen Sie das Brot im vorgeheizten Backofen für etwa 45 Minuten oder bis es goldbraun ist und hohl klingt, wenn man daraufklopft.

Hauptgerichte mit Fleisch & Geflügel

PIQUE A LO MACHO |

SCHARFES FLEISCHGERICHT

4 Port.

1 Std.

Mittel

Zutaten

500 g Rindfleisch, in Streifen geschnitten
4 Würstchen, in Scheiben geschnitten
2 große Zwiebeln, in Ringe geschnitten
Je 2 rote und grüne Paprika, in Streifen geschnitten
4 gekochte Eier, halbiert
500 g Pommes frites
3 Knoblauchzehen, fein gehackt
2 EL scharfe Chilisoße
100 ml Rinderbrühe
Öl zum Braten
Salz und Pfeffer nach Geschmack

Nährwerte p. P.

750 kcal
45 g Kohlenhydrate
40 g Fett
60 g Eiweiß

1 Erhitzen Sie etwas Öl in einer großen Pfanne oder einem Bräter über mittlerer Hitze. Braten Sie die Rindfleischstreifen scharf an, bis sie braun und knusprig sind. Nehmen Sie das Fleisch aus der Pfanne und stellen Sie es beiseite.

2 In derselben Pfanne die Würstchenscheiben anbraten, bis sie leicht gebräunt sind. Auch diese aus der Pfanne nehmen und beiseitestellen. Fügen Sie mehr Öl hinzu, falls nötig, und sautieren Sie die Zwiebelringe, bis sie weich und leicht karamellisiert sind.

3 Geben Sie den Knoblauch und die Paprikastreifen hinzu und braten Sie alles einige Minuten lang, bis die Paprika weich wird. Rühren Sie die scharfe Chilisoße und die Rinderbrühe ein und bringen Sie die Mischung zum Köcheln.

4 Geben Sie das gebratene Rindfleisch und die Würstchen zurück in die Pfanne. Würzen Sie mit Salz und Pfeffer und lassen Sie alles zusammen für etwa 10 Minuten köcheln, damit die Aromen sich verbinden können.

5 In der Zwischenzeit bereiten Sie die Pommes frites gemäß den Anweisungen auf der Verpackung zu.

6 Servieren Sie das Fleischgericht garniert mit den halbierten gekochten Eiern und umgeben von den frisch zubereiteten Pommes frites.

SILPANCHO COCHABAMBINO |

COCHABAMBA-SCHNITZEL

4 Port.

1 Std.

Mittel

Zutaten

4 Rindfleischschnitzel (je etwa 150 g)
2 Eier, verquirlt
200 g Semmelbrösel
200 g Reis
4 Eier zum Kochen
2 Rote Bete, gekocht und in Scheiben geschnitten
Öl zum Braten
Salz und Pfeffer

Für die scharfe Salsa:
2 Tomaten, fein gewürfelt
1 kleine Zwiebel, fein gewürfelt
1 grüne Chili, fein gehackt
Saft von 1 Limette
Salz nach Geschmack

Nährwerte p. P.

720 kcal
85 g Kohlenhydrate
25 g Fett
45 g Eiweiß

1 Kochen Sie den Reis nach Packungsanleitung, bis er weich und locker ist.

2 Klopfen Sie jedes Rindfleischschnitzel dünn aus und würzen Sie es mit Salz und Pfeffer.

3 Tauchen Sie die Schnitzel erst in die verquirlten Eier und wenden Sie sie anschließend gründlich in den Semmelbröseln.

4 Erhitzen Sie eine ausreichende Menge Öl in einer großen Pfanne und braten Sie die panierten Schnitzel auf jeder Seite golden und knusprig an.

5 Bereiten Sie währenddessen die Salsa vor, indem Sie Tomaten, Zwiebel, Chili und Limettensaft in einer Schüssel vermischen. Würzen Sie mit Salz und lassen Sie die Salsa kurz ziehen.

6 Kochen Sie die Eier hart, schälen Sie sie und halbieren Sie sie.

7 Legen Sie ein Schnitzel auf jeden Teller. Platzieren Sie eine Portion Reis und einige Scheiben gekochter Roter Bete daneben.

8 Legen Sie 2 halbierte Eier auf den Reis und garnieren Sie das Gericht mit der vorbereiteten scharfen Salsa.

PICANTE DE POLLO |

SCHARFES HÜHNCHEN

4 Port.

1,5 Std.

Mittel

Zutaten

4 Hühnchenbrustfilets
300 g Chuño (getrocknete Kartoffeln), vorbereitet nach Packungsanweisung
200 g Reis
2 EL Pflanzenöl
1 große Zwiebel, fein gehackt
3 Knoblauchzehen, fein gehackt
2 gelbe Chilis, entkernt und gehackt
1 TL gemahlene Kurkuma
1 TL gemahlener Kreuzkümmel
500 ml Hühnerbrühe
Salz und Pfeffer nach Geschmack
Frischer Koriander zum Garnieren

Nährwerte p. P.

560 kcal
45 g Kohlenhydrate
22 g Fett
45 g Eiweiß

1 Erwärmen Sie das Öl in einem großen Topf bei mittlerer Hitze. Braten Sie die Hühnchenbrustfilets von beiden Seiten an, bis sie goldbraun sind. Nehmen Sie das Hühnchen aus dem Topf und stellen Sie es beiseite.

2 Fügen Sie Zwiebel und Knoblauch in den Topf und dünsten Sie diese, bis sie weich sind.

3 Geben Sie die gehackten gelben Chilis, Kurkuma und Kreuzkümmel hinzu und rühren Sie um, bis die Gewürze duften.

4 Legen Sie die Hühnchenbrüste zurück in den Topf und gießen Sie die Hühnerbrühe dazu.

5 Kochen Sie das Ganze bei niedriger Hitze 30 Minuten lang, bis das Hühnchen vollständig gar ist.

6 Während das Hühnchen kocht, bereiten Sie den Reis nach Packungsanweisung zu.

7 Wenn das Hühnchen gar ist, schmecken Sie die Soße mit Salz und Pfeffer ab.

8 Servieren Sie das Hühnchen zusammen mit Reis und den vorbereiteten Chuños.

9 Garnieren Sie das Gericht vor dem Servieren mit frischem Koriander.

SAICE TARIJEÑO |

FLEISCHEINTOPF AUS TARIJA

4 Port. 1,5 Std. Mittel

Zutaten

500 g Rindfleisch, in kleine Würfel geschnitten
300 g Kartoffeln, gewürfelt
150 g Erbsen, frisch oder gefroren
1 große Zwiebel, fein gewürfelt
2 Knoblauchzehen, fein gehackt
1 TL Paprikapulver
½ TL Kreuzkümmel
½ TL gemahlener schwarzer Pfeffer
1 Liter Rinderbrühe
2 EL Pflanzenöl
200 g Reis
Salz nach Geschmack

Nährwerte p. P.

650 kcal
55 g Kohlenhydrate
30 g Fett
40 g Eiweiß

1 Erhitzen Sie das Öl in einem großen Topf oder einer tiefen Pfanne auf mittlerer Stufe.

2 Geben Sie die Zwiebel- und Knoblauchwürfel in den Topf und dünsten Sie sie, bis sie goldbraun sind. Fügen Sie das Rindfleisch hinzu und braten Sie es an, bis es rundum braun ist.

3 Bestreuen Sie das Fleisch mit Paprikapulver, Kreuzkümmel und schwarzem Pfeffer. Rühren Sie um, damit die Gewürze gleichmäßig verteilt sind und ihre Aromen freisetzen. Geben Sie die Kartoffelwürfel und Erbsen dazu und vermischen Sie alles gut.

4 Gießen Sie die Rinderbrühe ein und bringen Sie den Eintopf zum Kochen. Reduzieren Sie die Hitze und lassen Sie den Eintopf ungefähr 1 Stunde köcheln, bis das Fleisch und die Kartoffeln zart sind.

5 In der Zwischenzeit kochen Sie den Reis in einem separaten Topf nach Packungsanweisung.

6 Schmecken Sie den Eintopf mit Salz ab und passen Sie die Gewürze nach Bedarf an.

7 Servieren Sie den Eintopf heiß, begleitet von einer Portion gekochtem Reis.

BOLIVIANISCHES FRICASÉ

4 Port.

2 Std.

Mittel

Zutaten

800 g Schweinefleisch, in Würfel geschnitten
300 g Hominy (gekochtes Maiskorn)
1 große Zwiebel, gehackt
3 Knoblauchzehen, fein gehackt
2 gelbe Chilischoten, entkernt und gehackt
1 TL gemahlener Kreuzkümmel
1 TL getrockneter Oregano
1 Liter Hühner- oder Gemüsebrühe
2 EL Olivenöl
Salz und Pfeffer nach Geschmack
Frische Petersilie zum Garnieren

Nährwerte p. P.

680 kcal
40 g Kohlenhydrate
45 g Fett
35 g Eiweiß

1 Erhitzen Sie das Olivenöl in einem großen Topf auf mittlerer Flamme. Braten Sie die Schweinefleischwürfel an, bis sie rundum braun sind.

2 Fügen Sie die gehackte Zwiebel und den Knoblauch hinzu und sautieren Sie diese, bis sie glasig sind.

3 Geben Sie die gelben Chilischoten, Kreuzkümmel und Oregano in den Topf und rösten Sie sie kurz mit, um die Aromen zu intensivieren. Gießen Sie die Brühe hinzu und bringen Sie den Eintopf zum Kochen.

4 Fügen Sie das Hominy hinzu und lassen Sie alles bei reduzierter Hitze etwa 1,5 Stunden köcheln, bis das Fleisch zart ist.

5 Würzen Sie den Eintopf mit Salz und Pfeffer und passen Sie die Schärfe nach Ihrem Geschmack an.

6 Servieren Sie das Fricasé und garnieren Sie jede Portion mit frisch gehackter Petersilie.

CHICHARRÓN | GEBRATENES SCHWEINEFLEISCH

 4 Port.

 2 Std.

 Mittel

Zutaten

1 kg Schweinebauch, in große Würfel geschnitten
500 ml Wasser
2 TL Salz
3 Knoblauchzehen, zerdrückt
Nach Bedarf: Öl zum Frittieren

Für die Beilage:
Gekochter Mais
Llajua (scharfe Soße):
2 Tomaten, grob gehackt
2 scharfe grüne Chilis, entkernt und gehackt
1 kleine Zwiebel, gehackt
1 Handvoll Koriander, grob gehackt
Saft von 1 Limette
Salz nach Geschmack

Nährwerte p. P.

530 kcal
10 g Kohlenhydrate
40 g Fett
35 g Eiweiß

1 Geben Sie die Schweinebauchwürfel in einen großen Topf, zusammen mit Wasser, Salz und zerdrücktem Knoblauch.

2 Bringen Sie die Mischung zum Kochen und reduzieren Sie die Hitze, um das Fleisch etwa 1,5 Stunden langsam zu köcheln, bis das Wasser vollständig verdampft ist und das Fett aus dem Fleisch austritt.

3 Erhöhen Sie die Hitze und braten Sie das Fleisch in seinem eigenen Fett knusprig. Wenden Sie die Stücke regelmäßig, damit sie gleichmäßig braun und knusprig werden.

4 Fügen Sie bei Bedarf zusätzliches Öl zum Frittieren hinzu, um sicherzustellen, dass das Fleisch vollständig knusprig wird.

5 Entfernen Sie das gebratene Fleisch aus dem Topf und lassen Sie es auf Küchenpapier abtropfen, um überschüssiges Fett zu entfernen.

6 Für die Llajua geben Sie Tomaten, Chilis, Zwiebel, Koriander, Limettensaft und Salz in einen Mixer und pürieren alles zu einer glatten Soße.

7 Servieren Sie das Chicharrón heiß, garniert mit gekochtem Mais und begleitet von der frisch zubereiteten Llajua.

ANTICUCHO |

BOLIVIANISCHE FLEISCHSPIEßE

4 Port.

1 Std.

Mittel

Zutaten

500 g Rindsherz, in Würfel geschnitten
4 große Kartoffeln, gekocht und halbiert
2 EL Pflanzenöl

Für die Marinade:
4 Knoblauchzehen, fein gehackt
2 EL gemahlener Kreuzkümmel
Je 1 TL Paprikapulver und schwarzer Pfeffer
Saft von 2 Limetten
Salz nach Geschmack

Für die Erdnusssoße:
100 g Erdnussbutter
1 Zwiebel, fein gewürfelt
1 Knoblauchzehe, fein gehackt
250 ml Hühnerbrühe
1 EL Sojasoße
1 TL Zucker
1 TL rote Chiliflocken

Nährwerte p. P.

420 kcal
20 g Kohlenhydrate
25 g Fett
35 g Eiweiß

1 Kombinieren Sie für die Marinade Knoblauch, Kreuzkümmel, Paprikapulver, schwarzen Pfeffer, Limettensaft und Salz in einer Schüssel.

2 Legen Sie die Rindsherzwürfel in die Marinade und stellen Sie sicher, dass alle Stücke gut bedeckt sind. Marinieren Sie das Fleisch mindestens 2 Stunden im Kühlschrank.

3 Bereiten Sie die Erdnusssoße vor, indem Sie in einem Topf etwas Öl erhitzen. Dünsten Sie Zwiebel und Knoblauch, bis sie weich sind.

4 Fügen Sie Erdnussbutter, Hühnerbrühe, Sojasoße, Zucker und rote Chiliflocken hinzu. Köcheln Sie die Mischung, bis sie eindickt.

5 Heizen Sie Ihren Grill vor. Fädeln Sie das marinierte Fleisch auf Spieße.

6 Grillen Sie die Spieße auf jeder Seite etwa 4 Minuten, bis sie schön gebräunt und durchgegart sind.

7 Servieren Sie die Fleischspieße mit den gekochten und halbierten Kartoffeln und geben Sie die Erdnusssoße darüber oder daneben.

MAJADITO |

REISGERICHT MIT GETROCKNETEM FLEISCH

4 Port. 2 Std. Mittel

Zutaten

400 g getrocknetes Rindfleisch, vorgekocht und zerrieben
300 g Reis
1 große Zwiebel, fein gehackt
2 Knoblauchzehen, fein gehackt
2 EL Pflanzenöl
Je 1 TL Paprikapulver und Kreuzkümmel
4 Eier
Zusätzliches Öl zum Frittieren
2 grüne Bananen, in Scheiben geschnitten und frittiert
Salz und Pfeffer nach Geschmack
Frischer Koriander zum Garnieren

Nährwerte p. P.

620 kcal
85 g Kohlenhydrate
20 g Fett
35 g Eiweiß

1 Erhitzen Sie das Öl in einer großen Pfanne über mittlerer Hitze. Sautieren Sie die Zwiebel und den Knoblauch, bis sie weich und golden sind. Fügen Sie das zerriebene getrocknete Rindfleisch hinzu und braten Sie es einige Minuten an.

2 Streuen Sie Paprikapulver und Kreuzkümmel über das Fleisch und rühren Sie um, damit die Gewürze gleichmäßig verteilt sind.

3 Geben Sie den Reis in die Pfanne und rühren Sie gut um, sodass der Reis mit den Aromen und Gewürzen überzogen ist. Fügen Sie ausreichend Wasser hinzu, um den Reis zu bedecken, und bringen Sie das Ganze zum Kochen.

4 Reduzieren Sie die Hitze, decken Sie die Pfanne ab und lassen Sie den Reis 20 Minuten köcheln, bis er gar ist und die Flüssigkeit absorbiert wurde. Während der Reis kocht, kochen Sie die Eier hart, schälen Sie sie und halbieren Sie sie.

5 Erhitzen Sie in einer separaten Pfanne Öl und frittieren Sie die Bananenscheiben, bis sie goldbraun und knusprig sind.

6 Richten Sie den gekochten Reis mit dem Fleisch auf Tellern an. Legen Sie je ein halbes Ei und einige frittierte Bananenscheiben dazu. Garnieren Sie jedes Gericht mit frischem Koriander und servieren Sie es heiß.

RELLENO |

GEFÜLLTES BRATENFLEISCH

6 Port.

3 Std.

Mittel

Zutaten

1,5 kg Rinderbraten, flach, zum Füllen vorbereitet (z. B. aus der Oberschale)
4 hart gekochte Eier, grob gehackt
100 g grüne Oliven, entsteint und gehackt
2 rohe Eier, geschlagen
1 große Zwiebel, fein gewürfelt
3 Knoblauchzehen, fein gehackt
2 EL Kapern, gehackt
2 EL Petersilie, fein gehackt
Je 1 TL Kreuzkümmel und Paprika
Salz und Pfeffer nach Geschmack
3 EL Pflanzenöl

Nährwerte p. P.

650 kcal
10 g Kohlenhydrate
40 g Fett
60 g Eiweiß

1 Erhitzen Sie das Öl in einem großen Bräter oder einer tiefen Pfanne auf mittlerer Stufe. Sautieren Sie die Zwiebel und den Knoblauch, bis sie weich und durchsichtig sind, und lassen Sie sie dann abkühlen. In einer Schüssel die abgekühlten Zwiebeln und Knoblauch mit den hart gekochten Eiern, Oliven, Kapern, Petersilie, Kreuzkümmel und Paprika mischen. Fügen Sie die geschlagenen rohen Eier hinzu und vermengen Sie alles gründlich, um eine gleichmäßige Füllung zu erhalten.

2 Breiten Sie den Rinderbraten aus und verteilen Sie die Füllung gleichmäßig auf der gesamten Fleischoberfläche. Rollen Sie das Fleisch vorsichtig auf und sichern Sie es mit Küchengarn oder speziellen Fleischnadeln. Reiben Sie die Außenseite des Bratens mit Salz und Pfeffer ein. Braten Sie den gefüllten Braten in der Pfanne an, bis alle Seiten schön gebräunt sind.

3 Gießen Sie bei Bedarf etwas Wasser oder Brühe in den Bräter, um zu verhindern, dass das Fleisch austrocknet, und decken Sie es dann ab. Lassen Sie den Braten bei niedriger Hitze 2 bis 2,5 Stunden schmoren. Überprüfen Sie während des Kochens gelegentlich den Flüssigkeitsstand und fügen Sie bei Bedarf mehr Flüssigkeit hinzu.

4 Nehmen Sie den Braten aus dem Bräter, entfernen Sie das Küchengarn und lassen Sie das Fleisch einige Minuten ruhen, bevor Sie es in Scheiben schneiden. Servieren Sie die Scheiben warm, gerne mit etwas von der Schmorflüssigkeit übergossen.

LOMO MONTADO |

BELEGTES STEAK

4 Port.

1 Std.

Mittel

Zutaten

4 Rindersteaks (je etwa 200 g)
8 Eier
400 g Reis
4 Bananen, längs halbiert und frittiert
Salz und Pfeffer nach Geschmack
Öl zum Braten

Für den Salat:
Gemischte Blattsalate
1 rote Zwiebel, in dünne Ringe geschnitten
Essig und Öl für das Dressing

Nährwerte p. P.

720 kcal
70 g Kohlenhydrate
30 g Fett
50 g Eiweiß

1 Kochen Sie den Reis gemäß der Anleitung auf der Verpackung, bis er locker und fluffig ist.

2 Erhitzen Sie etwas Öl in einer großen Pfanne über mittlerer Hitze. Würzen Sie die Steaks mit Salz und Pfeffer und braten Sie sie in der heißen Pfanne je nach gewünschtem Gargrad auf jeder Seite 3 bis 4 Minuten an. Nehmen Sie die Steaks aus der Pfanne und halten Sie sie warm.

3 In derselben Pfanne reduzieren Sie die Hitze und braten die Spiegeleier. Garen Sie jedes Ei, bis das Eiweiß fest und das Eigelb noch leicht flüssig ist.

4 In einer separaten Pfanne erhitzen Sie Öl und frittieren die Bananenhälften, bis sie goldbraun und knusprig sind.

5 Bereiten Sie einen einfachen Salat zu, indem Sie die gemischten Blätter mit Zwiebelringen vermengen und mit Essig und Öl anmachen.

6 Legen Sie je ein Steak auf einen Teller und platzieren Sie zwei Spiegeleier darauf.

7 Servieren Sie das Gericht mit einer Portion Reis, frittierten Bananen und etwas Salat auf der Seite.

Hauptgerichte mit Fisch & Meeresfrüchten

PACÚ A LA PARRILLA |

GEGRILLTER PACÚ

4 Port. 1,5 Std. Mittel

Zutaten

1 ganzer Pacú, etwa 1,5 bis 2 kg, ausgenommen und geschuppt
2 Limetten, in Scheiben geschnitten
4 Knoblauchzehen, gehackt
2 EL Olivenöl
Salz und schwarzer Pfeffer nach Geschmack

Für die Beilage:
500 g Yucca, geschält und in Stücke geschnitten

Für die pikante Salsa:
2 reife Tomaten, gewürfelt
1 kleine rote Zwiebel, fein gewürfelt
1 grüne Chili, entkernt und fein gehackt
Saft von 2 Limetten
1 Bund Koriander, fein gehackt
Salz nach Geschmack

Nährwerte p. P.

520 kcal
50 g Kohlenhydrate
22 g Fett
35 g Eiweiß

1 Bereiten Sie Ihren Grill für mittlere bis hohe Hitze vor.

2 Reiben Sie den ganzen Fisch innen und außen mit Olivenöl ein. Würzen Sie den Fisch gründlich mit Salz und Pfeffer.

3 Füllen Sie den Bauch des Fisches mit Limettenscheiben und gehacktem Knoblauch.

4 Grillen Sie den Pacú direkt über der Glut, etwa 15 bis 20 Minuten auf jeder Seite, bis die Haut knusprig und das Fleisch durchgegart ist.

5 Während der Fisch grillt, kochen Sie die Yucca in gesalzenem Wasser, bis sie weich ist, was etwa 20 bis 30 Minuten dauert.

6 Für die pikante Salsa kombinieren Sie Tomaten, rote Zwiebel, grüne Chili, Limettensaft und Koriander in einer Schüssel. Salzen Sie die Salsa und lassen Sie sie ziehen, bis sie zum Servieren bereit ist.

7 Servieren Sie den gegrillten Pacú mit der gekochten Yucca und geben Sie großzügig die pikante Salsa darüber.

SUDADO DE SURUBÍ |

SURUBÍ-EINTOPF

4 Port.

1 Std.

Mittel

Zutaten

800 g Surubí-Filet, in Portionen geschnitten
2 große Zwiebeln, in dünne Ringe geschnitten
4 reife Tomaten, gewürfelt
2 Knoblauchzehen, fein gehackt
1 grüne Paprika, in Streifen geschnitten
500 ml Fischbrühe
2 EL Olivenöl
1 TL Oregano
1 TL gemahlener Kreuzkümmel
Salz und Pfeffer nach Geschmack
Frischer Koriander zum Garnieren
Gekochter Reis zum Servieren

Nährwerte p. P.

480 kcal
45 g Kohlenhydrate
15 g Fett
40 g Eiweiß

1 Erhitzen Sie das Olivenöl in einem großen Topf über mittlerer Hitze. Fügen Sie die Zwiebelringe und Knoblauchzehen hinzu und dünsten Sie sie, bis sie weich und transparent sind.

2 Geben Sie die grünen Paprikastreifen und Tomatenwürfel in den Topf und lassen Sie sie einige Minuten mitkochen, bis die Tomaten weich werden.

3 Streuen Sie Oregano und Kreuzkümmel über das Gemüse und rühren Sie gut um.

4 Legen Sie die Surubí-Filets auf das Gemüse im Topf. Gießen Sie die Fischbrühe darüber und würzen Sie das Ganze mit Salz und Pfeffer.

5 Decken Sie den Topf ab und lassen Sie den Eintopf bei niedriger Hitze 25 bis 30 Minuten köcheln, bis der Fisch durchgegart und zart ist.

6 Prüfen Sie die Würze und passen Sie sie gegebenenfalls an.

7 Servieren Sie den Sudado de Surubí garniert mit frischem Koriander und begleitet von gekochtem Reis.

TRUCHA A LA NAVARRA |

FORELLE NACH NAVARRA-ART

4 Port.

50 Min.

Mittel

Zutaten

4 Forellen, ausgenommen und gesäubert
8 dünne Scheiben Schinken
2 EL frische Petersilie, gehackt
1 EL frischer Thymian, Blätter abgezupft
200 ml Weißwein
2 Knoblauchzehen, fein gehackt
4 EL Olivenöl
Salz und Pfeffer nach Geschmack
Zitronenscheiben zum Garnieren

Nährwerte p. P.

380 kcal
5 g Kohlenhydrate
20 g Fett
45 g Eiweiß

1 Füllen Sie jede Forelle mit 2 Scheiben Schinken sowie etwas Petersilie und Thymian.

2 Erhitzen Sie 2 Esslöffel Olivenöl in einer großen Pfanne über mittlerer Hitze. Braten Sie die Forellen in der heißen Pfanne von beiden Seiten jeweils 3 bis 4 Minuten, bis sie durchgegart und außen knusprig sind. Nehmen Sie die Forellen aus der Pfanne und halten Sie sie warm.

3 Geben Sie das restliche Olivenöl und den Knoblauch in die gleiche Pfanne und sautieren Sie den Knoblauch leicht an.

4 Deglacieren Sie die Pfanne mit Weißwein und lassen Sie die Flüssigkeit bei mittlerer Hitze auf die Hälfte reduzieren, um die Aromen zu konzentrieren.

5 Würzen Sie die Soße mit Salz und Pfeffer und lassen Sie sie leicht köcheln, bis sie eine sämige Konsistenz erreicht.

6 Legen Sie die Forellen auf Servierteller und übergießen Sie jede mit etwas von der Weißweinsoße.

7 Garnieren Sie die Forellen mit Zitronenscheiben und servieren Sie sie sofort.

PIQUE DE CAMARONES |

GARNELENSPIEß

4 Port. 45 Min. Leicht

Zutaten

24 große Garnelen, geschält und entdarmt
2 EL Olivenöl
Saft von 1 Limette
2 Knoblauchzehen, fein gehackt
1 TL Paprikapulver
½ TL Chiliflocken
Salz und Pfeffer nach Geschmack
Holz- oder Metallspieße

Für die Beilage:
Gekochter Reis
Gemischter Blattsalat

Nährwerte p. P.

350 kcal
45 g Kohlenhydrate
8 g Fett
28 g Eiweiß

1 Vermengen Sie in einer Schüssel das Olivenöl, Limettensaft, gehackten Knoblauch, Paprikapulver, Chiliflocken, Salz und Pfeffer, um eine Marinade zu erstellen.

2 Legen Sie die Garnelen in die Marinade und stellen Sie sicher, dass alle Garnelen gut bedeckt sind. Marinieren Sie sie für etwa 20 Minuten im Kühlschrank.

3 Fädeln Sie die Garnelen auf die Spieße auf, wobei Sie jeweils 6 Garnelen pro Spieß verwenden.

4 Heizen Sie Ihren Grill vor und ölen Sie die Grillroste leicht ein.

5 Grillen Sie die Garnelenspieße auf jeder Seite etwa 2 bis 3 Minuten oder bis die Garnelen vollständig gegart sind und eine schöne Farbe angenommen haben.

6 Servieren Sie die Garnelenspieße zusammen mit gekochtem Reis und einem frischen gemischten Salat.

SALMÓN EN SALSA DE MARACUYÁ |

LACHS IN MARACUJA-SOẞE

4 Port.

30 Min.

Mittel

Zutaten

4 Lachsfilets (je etwa 150 g)
2 Maracujas, Fruchtfleisch entnommen
1 kleine rote Chili, entkernt und fein gehackt
1 Knoblauchzehe, fein gehackt
100 ml Orangensaft
2 EL Honig
1 EL Olivenöl
Frische Kräuter (z. B. Koriander oder Petersilie), gehackt
Salz und Pfeffer nach Geschmack

Nährwerte p. P.

460 kcal
15 g Kohlenhydrate
28 g Fett
35 g Eiweiß

1 Erhitzen Sie das Olivenöl in einer Pfanne über mittlerer Hitze.

2 Würzen Sie die Lachsfilets mit Salz und Pfeffer und legen Sie sie in die heiße Pfanne. Braten Sie die Filets etwa 3 Minuten auf jeder Seite, bis sie durchgegart und außen knusprig sind. Nehmen Sie die Lachsfilets aus der Pfanne und halten Sie sie warm.

3 In derselben Pfanne die gehackte Chili und den Knoblauch kurz anbraten, bis sie duften.

4 Fügen Sie das Maracuja-Fruchtfleisch und den Orangensaft hinzu. Lassen Sie die Mischung einige Minuten köcheln, bis sie leicht eingedickt ist.

5 Rühren Sie den Honig unter und schmecken Sie die Soße mit Salz und Pfeffer ab.

6 Legen Sie die gebratenen Lachsfilets auf die Teller und übergießen Sie sie mit der Maracuja-Soße.

7 Bestreuen Sie das Gericht vor dem Servieren mit frischen Kräutern.

ESCABECHE DE PESCADO |

EINGELEGTER FISCH

4 Port. | 1 Std. 20 Min. | Mittel

Zutaten

4 Fischfilets (z. B. Kabeljau, Tilapia oder Makrele), je etwa 150 g
200 ml Weißweinessig
100 ml Wasser
2 große Zwiebeln, in Ringe geschnitten
2 Karotten, in dünne Scheiben geschnitten
4 Knoblauchzehen, fein gehackt
2 Lorbeerblätter
1 TL Pfefferkörner
½ TL Salz
1 TL Paprikapulver
Olivenöl zum Braten

Nährwerte p. P.

320 kcal
10 g Kohlenhydrate
15 g Fett
35 g Eiweiß

1 Erwärmen Sie eine großzügige Menge Olivenöl in einer tiefen Pfanne oder einem Bräter über mittlerer Hitze.

2 Braten Sie die Fischfilets auf beiden Seiten je etwa 2 Minuten an, bis sie goldbraun sind. Nehmen Sie die Filets aus der Pfanne und legen Sie sie beiseite.

3 In derselben Pfanne die Zwiebelringe, Karottenscheiben und Knoblauch anbraten, bis sie weich sind.

4 Fügen Sie Weißweinessig, Wasser, Lorbeerblätter, Pfefferkörner, Salz und Paprikapulver hinzu. Bringen Sie die Mischung zum Köcheln und lassen Sie sie 5 Minuten sanft köcheln.

5 Legen Sie die angebratenen Fischfilets zurück in die Pfanne. Bedecken Sie die Fischfilets vollständig mit der Marinade und dem Gemüse.

6 Nehmen Sie die Pfanne vom Herd und lassen Sie den Fisch im Sud abkühlen.

7 Sobald der Fisch abgekühlt ist, decken Sie die Pfanne ab und stellen ihn für mindestens 2 Stunden in den Kühlschrank, damit die Aromen sich voll entfalten können.

8 Servieren Sie den eingelegten Fisch kalt, garniert mit den marinierten Gemüsescheiben und etwas von der Marinade.

CEVICHE DE PALMITO CON CAMARONES |

PALMHERZ-CEVICHE MIT GARNELEN

4 Port. 35 Min. Leicht

Zutaten

400 g rohe Garnelen, geschält und entdarmt
200 g Palmherzen, in dünne Scheiben geschnitten
1 große rote Zwiebel, halbiert und in dünne Scheiben geschnitten
Saft von 4 Limetten
1 Bund frischer Koriander, fein gehackt
1 rote Chili, entkernt und fein gehackt
Salz und schwarzer Pfeffer nach Geschmack

Nährwerte p. P.

220 kcal
12 g Kohlenhydrate
6 g Fett
26 g Eiweiß

1 Geben Sie die Garnelen in eine große Schüssel.

2 Fügen Sie den Limettensaft hinzu, sodass die Garnelen vollständig bedeckt sind. Der Säuregehalt des Limettensafts beginnt, die Garnelen zu „kochen".

3 Mischen Sie die Palmherzenscheiben, die rote Zwiebel, den gehackten Koriander und die Chili zu den Garnelen.

4 Würzen Sie die Mischung mit Salz und Pfeffer.

5 Stellen Sie die Schüssel abgedeckt für etwa 20 Minuten in den Kühlschrank, damit die Aromen sich verbinden und die Garnelen durch die Säure des Limettensafts gegart werden.

6 Nehmen Sie das Ceviche aus dem Kühlschrank und rühren Sie alles noch einmal gründlich um.

7 Schmecken Sie das Ceviche ab und passen Sie die Würzung nach Bedarf an.

8 Servieren Sie das Ceviche kalt, idealerweise sofort, um die Frische und die knackige Textur zu bewahren.

Vegetarische Hauptgerichte

PAPAS RELLENAS |

GEFÜLLTE KARTOFFELN

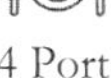
4 Port.

1 Std.
20 Min.

Mittel

Zutaten

4 große Kartoffeln, ganz, gekocht und abgekühlt
100 g Käse, fein gewürfelt oder gerieben
1 TL Paprikapulver
½ TL Kreuzkümmel
Salz und schwarzer Pfeffer nach Geschmack
2 Eier, geschlagen
100 g Semmelbrösel
Pflanzenöl zum Frittieren

Nährwerte p. P.

310 kcal
40 g Kohlenhydrate
12 g Fett
8 g Eiweiß

1 Halbieren Sie die gekochten Kartoffeln und höhlen Sie sie vorsichtig aus, um eine dünne Schicht Kartoffel mit der Schale zu hinterlassen.

2 Vermischen Sie das Kartoffelinnere in einer Schüssel mit dem Käse, Paprikapulver, Kreuzkümmel, Salz und Pfeffer. Kneten Sie die Mischung, bis sie gleichmäßig vermischt ist.

3 Füllen Sie die Kartoffelhälften mit der Käsemischung und drücken Sie die Hälften wieder zusammen, um die ursprüngliche Form der Kartoffeln wiederherzustellen.

4 Tauchen Sie die gefüllten Kartoffeln zuerst in geschlagene Eier und wenden Sie sie dann in Semmelbröseln, um sie vollständig zu panieren.

5 Erhitzen Sie das Öl in einer tiefen Pfanne oder einer Fritteuse auf etwa 180 °C.

6 Frittieren Sie die Kartoffeln in kleinen Chargen, bis sie außen goldbraun und knusprig sind.

7 Nehmen Sie die Kartoffeln aus dem Öl und legen Sie sie auf Küchenpapier, um überschüssiges Fett abtropfen zu lassen.

8 Servieren Sie die Papas Rellenas heiß und frisch aus der Fritteuse.

ARROZ CON LECHE Y QUESO |

REIS MIT MILCH UND KÄSE

4 Port.

40 Min.

Leicht

Zutaten

200 g weißer Reis
1 Liter Milch
100 g geriebener Käse (z. B. Mozzarella oder ein milder Cheddar)
2 EL Zucker
1 TL Zimt
1 Prise Salz

Nährwerte p. P.

350 kcal
45 g Kohlenhydrate
12 g Fett
10 g Eiweiß

1 Geben Sie den Reis zusammen mit der Milch und einer Prise Salz in einen mittelgroßen Topf. Erwärmen Sie die Mischung bei mittlerer Hitze, bis sie zum Kochen kommt.

2 Reduzieren Sie die Hitze und lassen Sie den Reis langsam köcheln, rühren Sie gelegentlich um, bis der Reis weich ist und die Milch größtenteils aufgesogen hat, was etwa 20 Minuten dauern sollte.

3 Streuen Sie den Zucker über den gekochten Reis und mischen Sie gut durch.

4 Fügen Sie den geriebenen Käse hinzu und rühren Sie, bis er vollständig geschmolzen und gleichmäßig verteilt ist.

5 Verteilen Sie den Reis in Schalen und bestreuen Sie jede Portion vor dem Servieren mit etwas Zimt.

CHUÑO PHUTI |

GEWÜRZTER KARTOFFELBREI

4 Port. 1 Std. Mittel

Zutaten

500 g Chuño (getrocknete Kartoffeln), über Nacht eingeweicht und abgetropft
4 Eier, geschlagen
200 g Käse, gerieben
4 grüne Zwiebeln, fein geschnitten
2 EL Pflanzenöl
Salz und Pfeffer nach Geschmack

Nährwerte p. P.

300 kcal
45 g Kohlenhydrate
10 g Fett
12 g Eiweiß

1 Kochen Sie die eingeweichten Chuño in einem Topf mit frischem Wasser, bis die Kartoffeln weich sind, etwa 20 Minuten.

2 Gießen Sie das Wasser ab und geben Sie die weichen Chuño in eine große Schüssel.

3 Zerdrücken Sie die Chuño mit einem Kartoffelstampfer oder einer Gabel zu einem groben Brei.

4 Erhitzen Sie das Öl in einer Pfanne und sautieren Sie die grünen Zwiebeln, bis sie weich sind.

5 Fügen Sie die sautierten grünen Zwiebeln zusammen mit den geschlagenen Eiern und dem geriebenen Käse zu den zerdrückten Chuño hinzu.

6 Rühren Sie die Mischung kräftig um, bis alle Zutaten gleichmäßig verteilt sind und der Käse zu schmelzen beginnt.

7 Würzen Sie mit Salz und Pfeffer und rühren Sie erneut um.

8 Servieren Sie den Chuño Phuti warm als Hauptgericht oder auch als Beilage.

PASTEL DE QUINOA Y QUESO |

QUINOA-KÄSE-KUCHEN

6 Port.

1 Std.

Mittel

Zutaten

200 g Quinoa, gründlich gespült
400 ml Milch
200 ml Sahne
4 Eier
200 g geriebener Käse (z. B. Gouda oder Mozzarella)
1 Zwiebel, fein gewürfelt
2 Knoblauchzehen, fein gehackt
1 TL Salz
½ TL schwarzer Pfeffer
2 EL Butter für die Form
Frische Kräuter wie Petersilie oder Schnittlauch zum Garnieren

Zusätzlich:
Salz und Pfeffer zum Abschmecken

Nährwerte p. P.

420 kcal
30 g Kohlenhydrate
22 g Fett
18 g Eiweiß

1 Heizen Sie den Ofen auf 180 °C (Ober- /Unterhitze) vor und fetten Sie eine Backform mit Butter ein.

2 Kochen Sie die Quinoa in einem Topf mit Milch und einer Prise Salz, bis die Flüssigkeit vollständig absorbiert und die Quinoa weich ist, etwa 15 bis 20 Minuten.

3 Während die Quinoa kocht, verquirlen Sie in einer großen Schüssel die Eier mit der Sahne. Fügen Sie den geriebenen Käse, die gewürfelte Zwiebel und den gehackten Knoblauch hinzu.

4 Nehmen Sie die gekochte Quinoa vom Herd und lassen Sie sie etwas abkühlen.

5 Rühren Sie die Quinoa-Mischung in die Ei-Käse-Mischung ein und schmecken Sie mit Salz und Pfeffer ab. Gießen Sie die Mischung in die vorbereitete Backform.

6 Backen Sie den Kuchen im vorgeheizten Ofen für etwa 25 bis 30 Minuten oder bis die Oberfläche goldbraun ist und der Kuchen fest steht.

7 Nehmen Sie den Kuchen aus dem Ofen und lassen Sie ihn vor dem Schneiden ein paar Minuten abkühlen.

8 Garnieren Sie den Quinoa-Käse-Kuchen mit frischen Kräutern und servieren Sie ihn warm.

AJÍ DE QUESO |
CHILI MIT KÄSE

4 Port.

50 Min.

Mittel

Zutaten

8 gelbe Chilis, längs halbiert und entkernt
200 g Käse, fein gerieben
4 Eier
1 Zwiebel, fein gewürfelt
2 Knoblauchzehen, fein gehackt
250 ml Gemüsebrühe
2 EL Olivenöl
1 TL Kreuzkümmel
Salz und Pfeffer nach Geschmack

Nährwerte p. P.

280 kcal
10 g Kohlenhydrate
20 g Fett
15 g Eiweiß

1 Erhitzen Sie das Olivenöl in einer Pfanne über mittlerer Hitze. Dünsten Sie die Zwiebel und den Knoblauch, bis sie weich und leicht golden sind.

2 Fügen Sie Kreuzkümmel hinzu und braten Sie ihn kurz mit, um die Aromen freizusetzen.

3 Geben Sie die Gemüsebrühe in die Pfanne und bringen Sie sie zum Kochen. Während die Brühe köchelt, füllen Sie jede Chili-Hälfte mit einer Mischung aus geriebenem Käse und einem rohen Ei.

4 Legen Sie die gefüllten Chilis vorsichtig in die kochende Brühe. Reduzieren Sie die Hitze und lassen Sie die Chilis 15 bis 20 Minuten köcheln, bis die Füllung fest ist und die Chilis weich sind. Schmecken Sie die Soße mit Salz und Pfeffer ab.

5 Servieren Sie die Ají de Queso heiß, mit der aromatischen Brühe übergossen.

CHANCA DE HUEVO |

EIER IN PIKANTER SOẞE

4 Port.

40 Min.

Leicht

Zutaten

8 Eier, hart gekocht und geschält
1 große Zwiebel, fein gewürfelt
2 Knoblauchzehen, fein gehackt
4 Tomaten, gewürfelt
1 TL Paprikapulver
½ TL Chiliflocken
2 EL Olivenöl
250 ml Gemüsebrühe
Salz und Pfeffer nach Geschmack
Gekochter Reis zum Servieren

Nährwerte p. P.

220 kcal
20 g Kohlenhydrate
10 g Fett
12 g Eiweiß

1 Erhitzen Sie das Olivenöl in einer großen Pfanne über mittlerer Hitze. Fügen Sie die Zwiebel und den Knoblauch hinzu und sautieren Sie sie, bis sie weich und transparent sind.

2 Geben Sie die Tomatenwürfel, Paprikapulver und Chiliflocken in die Pfanne und lassen Sie alles einige Minuten köcheln, bis die Tomaten weich werden und anfangen, eine Soße zu bilden.

3 Gießen Sie die Gemüsebrühe in die Pfanne und rühren Sie um, um alle Zutaten zu vermischen.

4 Legen Sie die hart gekochten Eier in die Soße und lassen Sie sie bei niedriger Hitze 10 Minuten köcheln, damit die Eier die Aromen der Soße aufnehmen können. Würzen Sie mit Salz und Pfeffer.

5 Richten Sie die Eier zusammen mit der pikanten Soße auf Tellern an und geben Sie eine Portion Reis dazu.

TORTILLA DE PATATAS A LA BOLIVIANA |

BOLIVIANISCHE KARTOFFELTORTIL

 4 Port.  45 Min.  Mittel

Zutaten

500 g Kartoffeln, geschält und in dünne Scheiben geschnitten
6 große Eier
1 große Zwiebel, fein gehackt
2 Knoblauchzehen, fein gehackt
1 TL Paprika
½ TL gemahlener Kreuzkümmel
Salz und Pfeffer nach Geschmack
4 EL Olivenöl

Optional:
100 g Käse, gerieben

Nährwerte p. P.

320 kcal
30 g Kohlenhydrate
18 g Fett
12 g Eiweiß

1 Erhitzen Sie das Olivenöl in einer großen Pfanne über mittlerer Hitze. Geben Sie die Kartoffelscheiben und die gehackte Zwiebel in die Pfanne und braten Sie sie, bis die Kartoffeln weich sind und die Zwiebeln goldbraun werden.

2 Fügen Sie den Knoblauch, Paprika und Kreuzkümmel hinzu und kochen Sie alles für weitere 2 Minuten, um die Gewürze zu aktivieren.

3 Schlagen Sie in einer Schüssel die Eier auf, würzen Sie sie mit Salz und Pfeffer und geben Sie den geriebenen Käse hinzu, falls verwendet.

4 Verteilen Sie die Kartoffel-Zwiebel-Mischung gleichmäßig in der Pfanne und gießen Sie die Eimischung darüber.

5 Reduzieren Sie die Hitze und lassen Sie die Tortilla etwa 10 bis 15 Minuten garen, bis die Unterseite fest und goldbraun ist.

6 Wenden Sie die Tortilla vorsichtig mithilfe eines großen Tellers oder Deckels und lassen Sie sie von der anderen Seite ebenfalls goldbraun braten.

7 Schneiden Sie die Tortilla in Stücke und servieren Sie sie warm.

PLATO PACEÑO |

GERICHT AUS LA PAZ

4 Port.

1 Std.

Leicht

Zutaten

4 Maiskolben, geschält
300 g Käse (traditionell ein milder Weißkäse), in dicke Scheiben geschnitten
4 große Kartoffeln, geschält und in Spalten geschnitten
Öl zum Frittieren

Für die pikante Soße:
2 rote Chilischoten, entkernt und grob gehackt
2 Tomaten, grob gehackt
1 kleine Zwiebel, grob gehackt
2 Knoblauchzehen
1 TL Oregano
Saft von 1 Limette
Salz und Pfeffer nach Geschmack

Nährwerte p. P.

520 kcal
65 g Kohlenhydrate
22 g Fett
12 g Eiweiß

1 Kochen Sie die Maiskolben in einem großen Topf mit gesalzenem Wasser, bis sie weich sind, etwa 20 bis 30 Minuten.

2 Während der Mais kocht, erhitzen Sie das Öl in einer tiefen Pfanne oder Fritteuse.

3 Frittieren Sie die Kartoffelspalten, bis sie goldbraun und knusprig sind. Nehmen Sie sie aus dem Öl und legen Sie sie auf Küchenpapier, um überschüssiges Fett zu absorbieren.

4 Für die pikante Soße geben Sie Chilischoten, Tomaten, Zwiebel, Knoblauch und Oregano in einen Mixer. Pürieren Sie alles, bis eine glatte Soße entsteht. Gießen Sie diese in einen kleinen Topf und kochen Sie sie einige Minuten, um die Aromen zu verstärken. Schmecken Sie die Soße mit Limettensaft, Salz und Pfeffer ab.

5 Legen Sie für jedes Gericht einen gekochten Maiskolben und einige Käsescheiben auf einen Teller. Verteilen Sie die frittierten Kartoffeln neben dem Mais und dem Käse.

6 Servieren Sie das Ganze mit der warmen pikanten Soße darüber oder daneben.

Vegane Hauptgerichte

FRICASÉ DE HONGOS |

PILZ-FRICASÉ

4 Port.

45 Min.

Mittel

Zutaten

500 g gemischte Pilze, grob gehackt
2 große gelbe Chilischoten, entkernt und fein gehackt
1 Zwiebel, fein gewürfelt
3 Knoblauchzehen, fein gehackt
500 ml Gemüsebrühe
2 EL Olivenöl
1 TL gemahlener Kreuzkümmel
1 TL getrockneter Oregano
Salz und Pfeffer nach Geschmack

Nährwerte p. P.

280 kcal
15 g Kohlenhydrate
10 g Fett
8 g Eiweiß

1 Erwärmen Sie das Olivenöl in einem großen Topf über mittlerer Hitze. Fügen Sie die gewürfelte Zwiebel und den gehackten Knoblauch hinzu und braten Sie sie an, bis sie weich und glasig sind.

2 Geben Sie die gehackten Pilze in den Topf und lassen Sie sie etwa 5 Minuten kochen, bis sie weich werden und anfangen, Wasser freizusetzen.

3 Mischen Sie die gelben Chilischoten, Kreuzkümmel und Oregano unter und kochen Sie alles unter gelegentlichem Rühren weitere 5 Minuten.

4 Gießen Sie die Gemüsebrühe dazu und bringen Sie die Mischung zum Kochen. Reduzieren Sie die Hitze und lassen Sie das Fricasé ungefähr 20 Minuten leicht köcheln, bis die Soße eindickt und die Aromen sich gut verbunden haben. Schmecken Sie das Gericht mit Salz und Pfeffer ab.

5 Garnieren Sie das Pilz-Fricasé nach Wunsch mit frischen Kräutern.

CHAIRO VEGANO |

VEGANE CHAIRO-SUPPE

4 Port.

1 Std.
10 Min.

Mittel

Zutaten

100 g Quinoa, gründlich gespült
200 g Chuño (getrocknete Kartoffeln), über Nacht eingeweicht und abgetropft
2 Karotten, gewürfelt
1 große Pastinake, gewürfelt
1 große Rübe, gewürfelt
1 Zwiebel, gewürfelt
3 Knoblauchzehen, fein gehackt
1 Liter Gemüsebrühe
2 EL Olivenöl
1 TL getrockneter Oregano
1 Lorbeerblatt
Salz und Pfeffer nach Geschmack
Frischer Koriander zum Garnieren

Nährwerte p. P.

220 kcal
40 g Kohlenhydrate
2 g Fett
8 g Eiweiß

1 Erwärmen Sie das Olivenöl in einem großen Suppentopf über mittlerer Hitze. Geben Sie die Zwiebel und den Knoblauch in den Topf und dünsten Sie beides, bis sie weich sind.

2 Fügen Sie die Karotten, Pastinake und Rübe hinzu und braten Sie alles einige Minuten an, bis es leicht gebräunt ist.

3 Streuen Sie Quinoa dazu und rühren Sie um, sodass die Körner mit dem Gemüse vermischt sind.

4 Gießen Sie die Gemüsebrühe ein, fügen Sie die eingeweichten Chuño, Oregano und das Lorbeerblatt hinzu.

5 Bringen Sie die Suppe zum Kochen, reduzieren Sie dann die Hitze und lassen Sie alles etwa 40 Minuten köcheln, bis das Gemüse und die Chuño weich sind.

6 Entfernen Sie das Lorbeerblatt und schmecken Sie die Suppe mit Salz und Pfeffer ab.

7 Servieren Sie die Suppe in Schalen und streuen Sie frischen Koriander darüber.

ARROZ CON COCO |

KOKOSREIS

4 Port.

30 Min.

Leicht

Zutaten

300 g Langkornreis
400 ml Kokosmilch
200 ml Wasser
1 TL Kurkuma oder 1 Prise Safran
1 TL Salz

Optional:
frische Korianderblätter zum Garnieren

Nährwerte p. P.

370 kcal
60 g Kohlenhydrate
14 g Fett
6 g Eiweiß

1 Spülen Sie den Reis unter fließendem kalten Wasser, bis das Wasser klar bleibt.

2 Geben Sie den gereinigten Reis zusammen mit Kokosmilch, Wasser, Kurkuma (oder Safran) und Salz in einen mittelgroßen Topf.

3 Erhitzen Sie die Mischung bei hoher Hitze, bis sie zu kochen beginnt. Reduzieren Sie die Hitze auf niedrig, decken Sie den Topf ab und lassen Sie den Reis 18 bis 20 Minuten köcheln, bis er die gesamte Flüssigkeit aufgenommen hat und zart ist.

4 Nehmen Sie den Topf vom Herd und lassen Sie den Reis 5 Minuten ruhen, damit er vor dem Servieren leicht abkühlen kann.

5 Fluffen Sie den Reis mit einer Gabel auf und geben Sie ihn in eine Servierschüssel.

6 Garnieren Sie den Kokosreis bei Bedarf mit frischen Korianderblättern.

QUINOA CON VERDURAS |

QUINOA MIT GEMÜSE

4 Port. 30 Min. Leicht

Zutaten

200 g Quinoa, gründlich gespült
400 ml Gemüsebrühe
1 Zucchini, gewürfelt
1 rote Paprika, gewürfelt
1 kleine rote Zwiebel, fein gewürfelt
2 Karotten, gewürfelt
2 EL Olivenöl
1 TL getrockneter Thymian
Salz und Pfeffer nach Geschmack
Frische Petersilie, gehackt, zum Garnieren

Nährwerte p. P.

250 kcal
45 g Kohlenhydrate
4 g Fett
8 g Eiweiß

1 Erhitzen Sie das Olivenöl in einer großen Pfanne über mittlerer Hitze. Fügen Sie die Zwiebel hinzu und braten Sie sie, bis sie glasig wird.

2 Geben Sie Karotten, Zucchini und rote Paprika in die Pfanne und braten Sie das Gemüse einige Minuten an, bis es leicht weich wird. Streuen Sie den Thymian darüber und mischen Sie alles gut durch.

3 Rühren Sie die gespülte Quinoa unter und gießen Sie die Gemüsebrühe dazu. Erhöhen Sie die Hitze und bringen Sie die Mischung zum Kochen.

4 Reduzieren Sie die Hitze, decken Sie die Pfanne ab und lassen Sie alles 15 bis 20 Minuten köcheln, bis die Quinoa weich ist und die Flüssigkeit vollständig aufgenommen hat.

5 Nehmen Sie die Pfanne vom Herd, lassen Sie die Quinoa einige Minuten ruhen und fluffen Sie sie dann mit einer Gabel auf.

6 Schmecken Sie das Gericht mit Salz und Pfeffer ab und garnieren Sie es mit frischer Petersilie.

EMPANADAS DE ACELGA |

MANGOLD-EMPANADAS

12 Port.

1,5 Std.

Mittel

Zutaten

Für den Teig:
300 g Mehl
60 ml Olivenöl
120 ml Wasser
1 TL Salz

Für die Füllung:
300 g Mangold, gewaschen und fein gehackt
1 große Zwiebel, gewürfelt
2 Knoblauchzehen, fein gehackt
1 TL Kreuzkümmel
1 TL Paprikapulver
Salz und Pfeffer nach Geschmack
2 EL Olivenöl

Nährwerte p. P.

280 kcal
40 g Kohlenhydrate
10 g Fett
8 g Eiweiß

1 Beginnen Sie mit der Zubereitung des Teiges, indem Sie das Mehl und Salz in einer großen Schüssel vermischen. Fügen Sie das Olivenöl und das Wasser hinzu und kneten Sie den Teig, bis er glatt und elastisch ist. Bedecken Sie den Teig und lassen Sie ihn 30 Minuten ruhen.

2 Erhitzen Sie währenddessen das Olivenöl in einer Pfanne über mittlerer Hitze. Dünsten Sie die Zwiebel und den Knoblauch, bis sie weich sind.

3 Fügen Sie den gehackten Mangold hinzu und braten Sie ihn einige Minuten an, bis er zusammenfällt. Würzen Sie mit Kreuzkümmel, Paprikapulver, Salz und Pfeffer. Nehmen Sie die Pfanne vom Herd und lassen Sie die Füllung abkühlen.

4 Heizen Sie den Ofen auf 200 °C (Ober-/Unterhitze) vor.

5 Rollen Sie den Teig auf einer leicht bemehlten Fläche aus und schneiden Sie Kreise mit etwa 12 cm Durchmesser aus.

6 Löffeln Sie etwas von der Mangold-Füllung auf eine Hälfte jedes Teigkreises. Falten Sie den Teig über die Füllung und drücken Sie die Ränder fest zusammen, um sie zu versiegeln.

7 Legen Sie die Empanadas auf ein mit Backpapier ausgelegtes Backblech. Backen Sie die Empanadas 25 bis 30 Minuten lang, bis sie goldbraun sind.

PICANTE DE PAPAS |

SCHARFE KARTOFFELN

4 Port. 1 Std. Mittel

Zutaten

800 g Kartoffeln, geschält und in Würfel geschnitten
2 EL Olivenöl
1 große Zwiebel, fein gehackt
3 Knoblauchzehen, fein gehackt
2 rote Chilischoten, entkernt und fein gehackt
400 g Tomaten, gewürfelt
1 TL Kreuzkümmel
1 TL Paprika
Salz und Pfeffer nach Geschmack

Nährwerte p. P.

260 kcal
50 g Kohlenhydrate
5 g Fett
6 g Eiweiß

1 Erhitzen Sie das Olivenöl in einem großen Topf über mittlerer Hitze. Geben Sie die Zwiebel, den Knoblauch und die Chilischoten hinzu und braten Sie alles an, bis die Zwiebel weich und durchsichtig ist.

2 Fügen Sie die gewürfelten Kartoffeln in den Topf und rühren Sie sie um, damit sie mit den Aromen der Gewürze bedeckt sind.

3 Geben Sie die Tomaten, Kreuzkümmel und Paprika hinzu und mischen Sie alles gut durch.

4 Gießen Sie genug Wasser hinzu, um die Kartoffeln zu bedecken, und würzen Sie mit Salz und Pfeffer.

5 Decken Sie den Topf ab und lassen Sie die Kartoffeln etwa 20 bis 25 Minuten köcheln, bis sie weich sind und die Soße eingedickt ist.

6 Überprüfen Sie die Würzung und passen Sie diese bei Bedarf an.

LOCRO DE ZAPALLO |

KÜRBISEINTOPF

4 Port.

1 Std. 10 Min.

Mittel

Zutaten

500 g Kürbis, geschält und in Würfel geschnitten
2 große Kartoffeln, geschält und in Würfel geschnitten
1 Tasse Maiskörner, frisch oder gefroren
2 Karotten, geschält und in Scheiben geschnitten
1 Zwiebel, fein gehackt
2 Knoblauchzehen, fein gehackt
1 Liter Gemüsebrühe
2 EL Olivenöl
1 TL getrockneter Oregano
1 TL gemahlener Kreuzkümmel
Salz und Pfeffer nach Geschmack
Frische Petersilie, gehackt, zum Garnieren

Nährwerte p. P.

300 kcal
45 g Kohlenhydrate
5 g Fett
9 g Eiweiß

1 Erhitzen Sie das Olivenöl in einem großen Topf über mittlerer Hitze. Fügen Sie die Zwiebel und den Knoblauch hinzu und braten Sie beides an, bis es aromatisch duftet.

2 Geben Sie den Kürbis, die Kartoffeln und Karotten in den Topf und rühren Sie um, bis die Gemüsestücke leicht angebraten sind.

3 Streuen Sie Oregano und Kreuzkümmel über das Gemüse und rühren Sie gut durch.

4 Gießen Sie die Gemüsebrühe hinzu und bringen Sie alles zum Kochen. Reduzieren Sie die Hitze, fügen Sie die Maiskörner hinzu und lassen Sie den Eintopf 40 Minuten lang köcheln, bis das Gemüse weich ist.

5 Schmecken Sie den Eintopf mit Salz und Pfeffer ab.

6 Verteilen Sie den Eintopf in Schüsseln und garnieren Sie jede Portion mit frischer Petersilie.

TALLARÍN CON SALSA DE NUECES |

NUDELN MIT WALNUSSSOßE

4 Port.

30 Min.

Leicht

Zutaten

400 g Spaghetti oder eine andere Pasta Ihrer Wahl
150 g Walnüsse, fein gemahlen
4 Knoblauchzehen, fein gehackt
200 ml Pflanzensahne oder eine vegane Alternative
50 ml Olivenöl
Salz und Pfeffer nach Geschmack
Frisches Basilikum, gehackt, zum Garnieren

Nährwerte p. P.

510 kcal
70 g Kohlenhydrate
24 g Fett
15 g Eiweiß

1 Kochen Sie die Pasta gemäß den Anweisungen auf der Verpackung in gesalzenem Wasser, bis sie al dente ist.

2 Während die Pasta kocht, erhitzen Sie das Olivenöl in einer Pfanne über mittlerer Hitze.

3 Geben Sie den gehackten Knoblauch in das heiße Öl und braten Sie ihn kurz an, bis er duftet.

4 Fügen Sie die gemahlenen Walnüsse hinzu und rösten Sie sie leicht an, um die Aromen freizusetzen.

5 Gießen Sie die Pflanzensahne dazu und rühren Sie, bis eine gleichmäßige Soße entsteht.

6 Würzen Sie die Soße mit Salz und Pfeffer und lassen Sie sie einige Minuten sanft köcheln, damit sie eindickt.

7 Gießen Sie die Soße über die abgetropfte Pasta und mischen Sie gründlich, sodass jede Nudel mit Soße bedeckt ist.

8 Servieren Sie die Pasta sofort, garniert mit frischem Basilikum.

Fingerfood & Snacks

ANTICUCHOS |

GEGRILLTE HERZSPIEẞE

4 Port.

2 Std.

Mittel

Zutaten

500 g Rinderherzen, in 2 cm große Würfel geschnitten
4 große Kartoffeln, halbiert
2 Knoblauchzehen, fein gehackt
2 EL Ají Panca Paste (oder eine andere milde Chilipaste)
1 TL gemahlener Kreuzkümmel
1 TL getrockneter Oregano
3 EL Pflanzenöl
Saft von 1 Limette
Salz und frisch gemahlener Pfeffer nach Geschmack
Metall- oder Holzspieße
Frische Petersilie zum Garnieren

Nährwerte p. P.

310 kcal
20 g Kohlenhydrate
15 g Fett
25 g Eiweiß

1 Bereiten Sie die Marinade vor, indem Sie Ají Panca Paste, gehackten Knoblauch, Kreuzkümmel, Oregano, Pflanzenöl, Limettensaft sowie eine Prise Salz und Pfeffer in einer Schüssel gut vermischen.

2 Geben Sie die Rinderherzwürfel in die Schüssel und stellen Sie sicher, dass jedes Stück gründlich mit der Marinade bedeckt ist. Decken Sie die Schüssel ab und stellen Sie sie für mindestens 2 Stunden, idealerweise über Nacht, in den Kühlschrank, damit die Aromen tief in das Fleisch einziehen können. Sobald das Fleisch ausreichend mariniert ist, heizen Sie Ihren Grill oder eine Grillpfanne auf hohe Temperatur vor.

3 Stecken Sie die marinierten Herzwürfel auf Metallspieße oder vorher eingeweichte Holzspieße. Grillen Sie die Spieße, bis das Fleisch an allen Seiten schön gebräunt und innen noch leicht rosa ist, was etwa 2 bis 3 Minuten pro Seite dauern sollte.

4 Während die Spieße grillen, kochen Sie die Kartoffelhälften in einem Topf mit leicht gesalzenem Wasser, bis sie weich sind, was ungefähr 15 Minuten in Anspruch nimmt.

5 Richten Sie die fertigen Herzspieße zusammen mit den weich gekochten Kartoffeln auf Serviertellern an. Bestreuen Sie die Anticuchos vor dem Servieren mit frisch gehackter Petersilie, um dem Gericht einen frischen Akzent zu verleihen.

TUCUMANAS |

FRITTIERTE TEIGTASCHEN

6 Port.

1,5 Std.

Mittel

Zutaten

Für den Teig:
300 g Mehl
100 ml warmes Wasser
50 ml Pflanzenöl
½ TL Salz

Für die Füllung:
2 EL Öl
200 g Rinderhackfleisch
1 kleine Zwiebel, fein gewürfelt
1 rote Paprika, fein gewürfelt
2 Knoblauchzehen, fein gehackt
1 TL Paprika
½ TL gemahlener Kreuzkümmel
Salz und Pfeffer nach Geschmack
Zusätzliches Öl zum Frittieren

Nährwerte p. P.

320 kcal
30 g Kohlenhydrate
18 g Fett
12 g Eiweiß

1 Vermischen Sie Mehl und Salz in einer großen Schüssel. Fügen Sie das Pflanzenöl und das warme Wasser hinzu und verarbeiten Sie die Zutaten zu einem glatten, elastischen Teig. Bedecken Sie den Teig und lassen Sie ihn 30 Minuten ruhen.

2 Erhitzen Sie etwas Öl in einer Pfanne über mittlerer Hitze. Braten Sie die Zwiebel, Paprika und den Knoblauch an, bis sie weich und leicht gebräunt sind.

3 Geben Sie das Rinderhackfleisch in die Pfanne und kochen Sie es, bis es vollständig gebräunt ist. Würzen Sie mit Paprika, Kreuzkümmel, Salz und Pfeffer. Nehmen Sie die Pfanne vom Herd und lassen Sie die Füllung abkühlen.

4 Rollen Sie den Teig auf einer bemehlten Fläche dünn aus. Schneiden Sie Kreise aus dem Teig aus (etwa 12 cm Durchmesser).

5 Platzieren Sie einen Esslöffel der abgekühlten Fleischfüllung in die Mitte jedes Teigkreises. Falten Sie den Teig über die Füllung und drücken Sie die Ränder fest zusammen, um die Taschen zu verschließen.

6 Erhitzen Sie reichlich Öl in einem tiefen Topf oder einer Fritteuse. Frittieren Sie die Tucumanas in Portionen, bis sie goldbraun und knusprig sind, was etwa 3 bis 4 Minuten pro Seite dauert. Nehmen Sie die Tucumanas aus dem Öl und legen Sie sie auf Küchenpapier, um überschüssiges Fett aufzusaugen.

SONSO DE YUCA |

GEGRILLTER MANIOK-KUCHEN

6 Port. 1 Std. Mittel

Zutaten

500 g Maniok (Yuca), geschält und gerieben
200 g Käse, fein gerieben (z. B. Mozzarella oder ein anderer leicht schmelzender Käse)
½ TL Salz
1 EL Butter, geschmolzen

Optional:
1 EL Zucker für eine süßere Variante

Nährwerte p. P.

290 kcal
45 g Kohlenhydrate
10 g Fett
5 g Eiweiß

1 Mischen Sie den geriebenen Maniok, den geriebenen Käse, Salz und geschmolzene Butter in einer großen Schüssel, bis alles gut verbunden ist. Für eine süße Variante können Sie auch Zucker hinzufügen.

2 Formen Sie aus der Mischung längliche Kuchen von etwa 10 cm Länge und 2 cm Dicke.

3 Heizen Sie Ihren Grill vor oder bereiten Sie eine Grillpfanne vor, indem Sie sie leicht einölen und auf mittlere bis hohe Hitze bringen.

4 Legen Sie die Maniok-Kuchen vorsichtig auf den Grill oder in die Pfanne und grillen Sie sie von jeder Seite 5 bis 7 Minuten, bis sie goldbraun und knusprig sind.

5 Drehen Sie die Kuchen regelmäßig, damit sie gleichmäßig garen und eine schöne Kruste bekommen.

MAISKUCHEN

6 Port.

1 Std.

Mittel

Zutaten

500 g frischer Mais, vom Kolben geschnitten
100 g Käse, fein gerieben
2 EL Zucker
1 TL Salz
½ TL Backpulver
50 g Butter, geschmolzen
Frische Maisblätter zum Einwickeln

Nährwerte p. P.

220 kcal
30 g Kohlenhydrate
8 g Fett
5 g Eiweiß

1 Zermahlen Sie den frischen Mais in einem Mixer oder einer Küchenmaschine, bis eine grobe Paste entsteht.

2 Vermischen Sie in einer großen Schüssel die Maispaste mit dem geriebenen Käse, Zucker, Salz, Backpulver und geschmolzener Butter.

3 Bereiten Sie die Maisblätter vor, indem Sie sie säubern und in warmem Wasser einweichen, bis sie geschmeidig sind.

4 Nehmen Sie jeweils ein Maisblatt und geben Sie eine angemessene Menge der Mais-Käse-Mischung darauf. Wickeln Sie die Mischung sorgfältig ein, sodass der Inhalt vollständig von dem Blatt umschlossen ist.

5 Füllen Sie einen großen Topf mit einem Dämpfeinsatz oder einem improvisierten Dampfgestell und etwas Wasser, das jedoch nicht den Einsatz berühren sollte.

6 Legen Sie die eingewickelten Humintas vorsichtig in den Dampfeinsatz.

7 Bedecken Sie den Topf und dämpfen Sie die Humintas über mittlerer Hitze für etwa 45 Minuten, bis sie fest sind und durchgegart wirken.

PAPAS RELLENAS |

GEFÜLLTE KARTOFFELN

6 Port. 1,5 Std. Mittel

Zutaten

6 große Kartoffeln, gekocht und püriert
200 g Rinderhackfleisch
1 Zwiebel, fein gewürfelt
2 Knoblauchzehen, fein gehackt
1 TL Kreuzkümmel
1 TL Paprika
½ TL Oregano
Salz und Pfeffer nach Geschmack
2 Eier, geschlagen
Mehl zum Panieren
Semmelbrösel zum Panieren
Pflanzenöl zum Frittieren

Nährwerte p. P.

360 kcal
45 g Kohlenhydrate
15 g Fett
12 g Eiweiß

1 Kochen Sie die gewürfelten Kartoffeln in einem großen Topf mit Salzwasser, bis sie weich sind (ca. 15-20 Minuten). Abgießen und die Kartoffeln gründlich zerstampfen oder durch eine Kartoffelpresse drücken, um ein glattes Püree zu erhalten. Das Püree abkühlen lassen.

2 Erhitzen Sie etwas Öl in einer Pfanne und braten Sie die Zwiebel und den Knoblauch an, bis sie weich sind. Fügen Sie das Rinderhackfleisch hinzu und braten Sie es, bis es vollständig gekocht ist. Würzen Sie mit Kreuzkümmel, Paprika, Oregano, Salz und Pfeffer. Nehmen Sie die Fleischmischung vom Herd und lassen Sie sie abkühlen.

3 Formen Sie aus dem abgekühlten Kartoffelpüree flache Scheiben. Geben Sie einen Löffel der Fleischmischung in die Mitte jeder Scheibe. Formen Sie die Kartoffeln um die Füllung herum, sodass eine geschlossene Kugel entsteht.

4 Rollen Sie jede gefüllte Kartoffel zuerst in Mehl, tauchen Sie sie dann in geschlagene Eier und wälzen Sie sie abschließend in Semmelbröseln.

5 Erhitzen Sie ausreichend Öl in einem tiefen Topf, um die Kartoffeln vollständig darin frittieren zu können. Frittieren Sie die Kartoffeln in Portionen, bis sie rundum goldbraun und knusprig sind.

6 Legen Sie die frittierten Kartoffeln auf Küchenpapier, um überschüssiges Fett abtropfen zu lassen.

MASACO DE YUCA |

MANIOKBREI

6 Port.

1 Std.

Leicht

Zutaten

1 kg Maniok (Yuca), geschält und in Stücke geschnitten
200 g Charque (getrocknetes Rindfleisch) oder alternativ Rinderhackfleisch
4 EL Butter
Salz nach Geschmack

Nährwerte p. P.

330 kcal
50 g Kohlenhydrate
10 g Fett
15 g Eiweiß

1 Kochen Sie den Maniok in einem großen Topf mit Salzwasser, bis er vollständig weich ist, was etwa 30 Minuten dauern kann.

2 Während der Maniok kocht, zerkleinern Sie das Charque in einer Pfanne über mittlerer Hitze, bis es knusprig ist. Falls Sie Rinderhackfleisch verwenden, braten Sie es, bis es gut gebräunt ist.

3 Entfernen Sie den gekochten Maniok aus dem Wasser und lassen Sie ihn etwas abkühlen.

4 Zerdrücken Sie den Maniok mit einer Gabel oder einem Kartoffelstampfer, bis ein glatter Brei entsteht.

5 Integrieren Sie die Butter in den noch warmen Maniokbrei, bis sie vollständig geschmolzen und eingearbeitet ist.

6 Mischen Sie das zerkleinerte Fleisch unter den Maniokbrei und salzen Sie nach Geschmack.

7 Formen Sie aus der Mischung kleine Bällchen oder Laibe und servieren Sie sie warm.

CHICHARRÓN DE CERDO |

KNUSPRIGE SCHWEINESCHWARTE

4 Port.

2 Std.

Mittel

Zutaten

1 kg Schweinebauch, Haut auf
Salz nach Geschmack
Wasser
Öl zum Frittieren

Nährwerte p. P.

540 kcal
0 g Kohlenhydrate
44 g Fett
32 g Eiweiß

1 Schneiden Sie den Schweinebauch in Stücke von etwa 5 cm Größe. Geben Sie die Schweinefleischstücke in einen großen Topf, bedecken Sie sie vollständig mit Wasser und salzen Sie leicht.

2 Kochen Sie das Fleisch bei mittlerer Hitze, bis das Wasser vollständig verdampft ist und das Fett aus dem Fleisch austritt.

3 Reduzieren Sie die Hitze und lassen Sie das Fleisch im eigenen Fett langsam weiterkochen, bis es sehr weich ist, etwa 1 Stunde.

4 Heizen Sie eine große Menge Öl in einem tiefen Topf oder einer Fritteuse.

5 Frittieren Sie die Schweinestücke in Portionen, bis sie goldbraun und knusprig sind. Dies sollte etwa 10 Minuten pro Portion dauern.

6 Nehmen Sie das Fleisch aus dem Öl und legen Sie es auf Küchenpapier, damit das überschüssige Fett abtropfen kann.

Desserts

HELADO DE CANELA |

ZIMTEIS

6 Port.

4,5 Std.

Mittel

Zutaten

500 ml Vollmilch
250 ml Schlagsahne
150 g Zucker
2 TL gemahlener Zimt
1 Vanilleschote
6 Eigelbe

Nährwerte p. P.

230 kcal
28 g Kohlenhydrate
12 g Fett
4 g Eiweiß

1 Schlitzen Sie die Vanilleschote längs auf und kratzen Sie das Mark heraus. Geben Sie Milch, Sahne, das Vanillemark sowie die Schote in einen Topf und erhitzen Sie diese Mischung bei mittlerer Hitze, bis sie fast zum Kochen kommt. Entfernen Sie die Vanilleschote und rühren Sie den Zimt unter die heiße Milchmischung.

2 Schlagen Sie in einer separaten Schüssel die Eigelbe mit dem Zucker, bis die Masse hell und cremig wird. Gießen Sie langsam die heiße Milch-Zimt-Mischung in die Eigelb-Zucker-Masse, dabei ständig rühren, um die Eier nicht zu stocken.

3 Geben Sie die Mischung zurück in den Topf und erhitzen Sie sie bei niedriger Hitze, rühren Sie ständig, bis die Mischung dick genug ist, um die Rückseite eines Löffels zu überziehen.

4 Kühlen Sie die Creme in einem Eiswasserbad ab und rühren Sie gelegentlich. Sobald die Creme abgekühlt ist, überführen Sie sie in eine Eismaschine und folgen den Anweisungen des Geräts.

5 Sobald das Eis die gewünschte Konsistenz erreicht hat, überführen Sie es in einen geeigneten Behälter und frieren es für mindestens 3 Stunden, bis es fest wird, ein.

LECHE ASADA |

GEBRANNTE MILCH

6 Port. 1 Std. 15 Min. Leicht

Zutaten

500 ml Vollmilch
4 große Eier
150 g Zucker
1 TL Vanilleextrakt
Weitere 50 g Zucker zum Karamellisieren

Nährwerte p. P.

280 kcal
30 g Kohlenhydrate
12 g Fett
8 g Eiweiß

1 Heizen Sie Ihren Ofen auf 175 °C (Ober-/Unterhitze) vor.

2 Vermischen Sie in einer Schüssel die Eier und 150 g Zucker mit einem Schneebesen, bis die Mischung leicht und schaumig ist.

3 Erwärmen Sie die Milch in einem Topf auf mittlerer Stufe, bis sie heiß ist, aber nicht kocht. Rühren Sie die heiße Milch langsam in die Ei-Zucker-Mischung ein, während Sie stetig weiterschlagen, um die Eier nicht zu gerinnen. Fügen Sie den Vanilleextrakt hinzu und mischen Sie gut.

4 Verteilen Sie die restlichen 50 g Zucker gleichmäßig in einer feuerfesten Form und stellen Sie diese für einige Minuten in den Ofen, bis der Zucker schmilzt und eine goldene Karamellschicht bildet. Nehmen Sie die Form aus dem Ofen und gießen Sie die Milch-Ei-Mischung vorsichtig darüber.

5 Stellen Sie die Form in ein tiefes Backblech und füllen Sie das Blech mit heißem Wasser, sodass es bis zur Hälfte der Form reicht, um ein Wasserbad zu erstellen.

6 Backen Sie den Pudding 45 Minuten lang, bis er fest ist, aber in der Mitte noch leicht wackelt.

7 Nehmen Sie den Pudding aus dem Ofen und lassen Sie ihn in der Form abkühlen, bevor Sie ihn stürzen.

TAWA TAWAS |

BOLIVIANISCHE DONUTS

6 Port.

45 Min.

Mittel

Zutaten

250 g Weizenmehl
50 g Zucker
1 TL Backpulver
¼ TL Salz
120 ml Milch
1 Ei
1 TL Vanilleextrakt
Öl zum Frittieren
Zusätzlicher Zucker zum Wälzen
Honig zum Beträufeln

Nährwerte p. P.

320 kcal
50 g Kohlenhydrate
15 g Fett
5 g Eiweiß

1 Vermischen Sie Mehl, Zucker, Backpulver und Salz in einer großen Schüssel.

2 Schlagen Sie in einer separaten Schüssel das Ei auf und verquirlen Sie es mit Milch und Vanilleextrakt.

3 Gießen Sie die flüssigen Zutaten zu den trockenen Zutaten und rühren Sie um, bis ein weicher Teig entsteht.

4 Erhitzen Sie ausreichend Öl in einem tiefen Topf oder einer Fritteuse, um die Teigbällchen schwimmend ausbacken zu können.

5 Formen Sie mithilfe von zwei Teelöffeln kleine Teigportionen und geben Sie diese vorsichtig in das heiße Öl.

6 Frittieren Sie die Teigbällchen, bis sie rundum goldbraun und knusprig sind, was etwa 3 bis 4 Minuten dauert.

7 Entnehmen Sie die frittierten Tawa Tawas mit einer Schaumkelle und legen Sie sie auf Küchenpapier, um überschüssiges Fett abtropfen zu lassen.

8 Wälzen Sie die noch warmen Donuts in Zucker und beträufeln Sie sie großzügig mit Honig.

PASTEL DE CHOCLO |

MAISKUCHEN

6 Port. 1 Std. 10 Min. Mittel

Zutaten

500 g Maiskörner, frisch oder gefroren
100 g Zucker
100 ml Milch
2 Eier
50 g Butter, geschmolzen
1 TL Vanilleextrakt
½ TL Salz

Optional:
100 g geriebener Käse oder Rosinen

Nährwerte p. P.

330 kcal
45 g Kohlenhydrate
12 g Fett
8 g Eiweiß

1 Heizen Sie Ihren Ofen auf 180 °C (Ober-/Unterhitze) vor.

2 Pürieren Sie die Maiskörner in einem Mixer oder einer Küchenmaschine, bis eine glatte Paste entsteht.

3 Überführen Sie die Maispaste in eine große Schüssel und fügen Sie Zucker, Milch, geschmolzene Butter, Eier, Vanilleextrakt und Salz hinzu. Rühren Sie um, bis alles gründlich vermengt ist.

4 Falls verwendet, mischen Sie jetzt den geriebenen Käse oder die Rosinen unter die Maismasse.

5 Gießen Sie die Maiskuchenmischung in eine gefettete Backform. Backen Sie den Kuchen 45 bis 50 Minuten lang im vorgeheizten Ofen, bis die Oberfläche golden ist und ein in die Mitte gesteckter Zahnstocher sauber herauskommt.

6 Nehmen Sie den Kuchen aus dem Ofen und lassen Sie ihn in der Form abkühlen, bevor Sie ihn auf ein Servierbrett stürzen.

ALFAJORES |

GEFÜLLTE KEKSE

12 Port. 1,5 Std. Mittel

Zutaten

300 g Mehl
200 g Butter, weich
100 g Puderzucker
1 TL Vanilleextrakt
1 Ei
300 g Dulce de Leche
Kokosraspeln zum Dekorieren

Nährwerte p. P.

300 kcal
40 g Kohlenhydrate
14 g Fett
4 g Eiweiß

1 Heizen Sie den Ofen auf 180 °C (Ober- /Unterhitze) vor und legen Sie ein Backblech mit Backpapier aus.

2 Schlagen Sie in einer Schüssel die weiche Butter mit dem Puderzucker cremig. Fügen Sie das Ei und den Vanilleextrakt hinzu und rühren Sie weiter, bis alles gut vermengt ist. Sieben Sie das Mehl in die Butter-Ei-Mischung und verarbeiten Sie alles zu einem glatten Teig.

3 Rollen Sie den Teig auf einer leicht bemehlten Arbeitsfläche aus, bis er etwa 5 mm dick ist. Stechen Sie mit einem runden Ausstecher (ca. 5 cm Durchmesser) Kekse aus und legen Sie diese auf das vorbereitete Backblech.

4 Backen Sie die Kekse für 10 bis 12 Minuten, bis sie leicht golden sind. Nehmen Sie die Kekse aus dem Ofen und lassen Sie sie auf einem Kuchengitter vollständig abkühlen.

5 Bestreichen Sie die Unterseite eines Kekses gleichmäßig mit einer Schicht Dulce de Leche und legen Sie einen zweiten Keks darauf, um einen Sandwichkeks zu formen.

6 Rollen Sie die Ränder der gefüllten Kekse in Kokosraspeln, sodass die Dulce de Leche an den Seiten bedeckt ist.

7 Lassen Sie die Alfajores vor dem Servieren etwas fest werden, damit die Füllung sich setzen kann.

BUÑUELOS BOLIVIANOS |

BOLIVIANISCHE FRITTERS

12 Port. 1 Std. Mittel

Zutaten

250 g Mehl
50 g Zucker
1 TL Backpulver
¼ TL Salz
200 ml warmes Wasser
1 Ei
1 TL Vanilleextrakt
Pflanzenöl zum Frittieren
Puderzucker zum Bestäuben

Optional:
Sirup zum Eintauchen

Nährwerte p. P.

280 kcal
35 g Kohlenhydrate
14 g Fett
4 g Eiweiß

1 Kombinieren Sie in einer großen Schüssel Mehl, Zucker, Backpulver und Salz.

2 In einer anderen Schüssel verquirlen Sie das Ei mit warmem Wasser und Vanilleextrakt.

3 Fügen Sie die flüssige Mischung zur trockenen Mischung hinzu und rühren Sie, bis ein glatter Teig entsteht.

4 Erhitzen Sie das Öl in einem tiefen Topf oder einer Fritteuse auf etwa 180 °C.

5 Tauchen Sie zwei Esslöffel in das heiße Öl, um sie zu ölen, und schöpfen Sie dann mit einem der Löffel Teigportionen ab. Mit dem anderen Löffel helfen Sie, den Teig in das heiße Öl gleiten zu lassen.

6 Frittieren Sie die Buñuelos in kleinen Portionen, bis sie aufgehen, goldbraun und knusprig sind. Dies dauert in der Regel 2 bis 3 Minuten pro Seite.

7 Nehmen Sie die Buñuelos mit einer Schaumkelle aus dem Öl und lassen Sie sie auf Küchenpapier abtropfen.

8 Bestäuben Sie die noch warmen Buñuelos großzügig mit Puderzucker oder tauchen Sie sie in Sirup, falls verwendet.

Getränke

MOCOCHINCHI |

GETROCKNETE PFIRSICHLIMONADE

6 Port. 1 Tag Leicht

Zutaten

200 g getrocknete Pfirsiche
1 Liter Wasser
100 g Zucker
1 Zimtstange
Saft von 1 Zitrone

Nährwerte p. P.

120 kcal
30 g Kohlenhydrate
0 g Fett
1 g Eiweiß

1 Weichen Sie die getrockneten Pfirsiche über Nacht in 1 Liter Wasser ein, sodass sie vollständig bedeckt sind.

2 Geben Sie am nächsten Tag die eingeweichten Pfirsiche samt Einweichwasser in einen Topf. Fügen Sie Zucker und die Zimtstange hinzu.

3 Erwärmen Sie die Mischung auf mittlerer Stufe, bis sie leicht köchelt. Reduzieren Sie die Hitze und lassen Sie die Pfirsiche 20 Minuten lang sanft köcheln, bis sie weich und der Geschmack intensiv ist.

4 Nehmen Sie den Topf vom Herd und lassen Sie die Mischung abkühlen. Entfernen Sie die Zimtstange und fügen Sie den frisch gepressten Zitronensaft hinzu.

5 Gießen Sie die Limonade durch ein feines Sieb in eine große Karaffe oder einen Krug.

6 Kühlen Sie die Mocochinchi-Limonade im Kühlschrank, bis sie gut durchgekühlt ist.

SOMÓ |

MAISBIER

10 Port. 3 Tage Schwer

Zutaten

2 kg gelber Mais, grob gemahlen
10 Liter Wasser
250 g Zucker
1 kleine Handvoll getrocknete Maisblätter oder -fasern (optional, als Hefequelle)

Nährwerte p. P.

150 kcal
30 g Kohlenhydrate
0 g Fett
2 g Eiweiß

1 Mahlen Sie den gelben Mais grob, falls noch nicht geschehen. Bringen Sie das Wasser in einem großen Topf zum Kochen.

2 Geben Sie den gemahlenen Mais und die Maisblätter oder -fasern, falls verwendet, in das kochende Wasser.

3 Kochen Sie die Mischung unter gelegentlichem Rühren 2 Stunden lang, um den Mais vollständig aufzubrechen und eine Maische zu bilden.

4 Nehmen Sie den Topf vom Herd und lassen Sie die Maische auf Raumtemperatur abkühlen.

5 Rühren Sie den Zucker in die abgekühlte Maische ein, bis er sich vollständig aufgelöst hat.

6 Decken Sie den Topf mit einem sauberen Tuch ab und stellen Sie ihn an einen warmen, dunklen Ort, um die Fermentation zu ermöglichen.

7 Lassen Sie die Mischung 2 bis 3 Tage fermentieren. Überprüfen Sie täglich und rühren Sie einmal pro Tag um.

8 Seihen Sie nach der Fermentation das Maisbier durch ein feines Sieb oder Tuch, um feste Bestandteile zu entfernen.

9 Kühlen Sie das gefilterte Maisbier, bis es servierfertig ist.

YUNGUEÑO |

BOLIVIANISCHER COCKTAIL

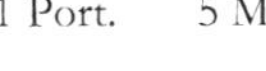

Zutaten

50 ml Singani (bolivianischer Traubenschnaps)
100 ml frisch gepresster Orangensaft
30 ml Soda
Eiswürfel
1 Scheibe Limette zur Garnierung

Nährwerte p. P.

180 kcal
20 g Kohlenhydrate
0 g Fett
0 g Eiweiß

1 Füllen Sie ein hohes Glas zur Hälfte mit Eiswürfeln. Gießen Sie den Singani über das Eis.

2 Fügen Sie den frisch gepressten Orangensaft hinzu. Ergänzen Sie die Mischung mit Soda, um den Cocktail aufzuspritzen.

3 Rühren Sie den Cocktail leicht um, um alle Zutaten zu vermischen.

4 Garnieren Sie das Glas mit einer Scheibe Limette am Rand.

TOSTADA |

GERÖSTETE GERSTENLIMONADE

4 Port.

1 Std.
15 Min.

Leicht

Zutaten

200 g Gerste
1 Liter Wasser
100 g Zucker
Saft von 2 Zitronen

Nährwerte p. P.

80 kcal
20 g Kohlenhydrate
0 g Fett
2 g Eiweiß

1 Rösten Sie die Gerste in einer trockenen Pfanne bei mittlerer Hitze, bis sie goldbraun und aromatisch ist, etwa 10 Minuten.

2 Geben Sie die geröstete Gerste in einen großen Topf und fügen Sie 1 Liter Wasser hinzu.

3 Kochen Sie die Mischung auf mittlerer Stufe, bis das Wasser auf die Hälfte reduziert ist, etwa 30 Minuten.

4 Nehmen Sie den Topf vom Herd und lassen Sie die Gerstenmischung vollständig abkühlen.

5 Seihen Sie die Flüssigkeit durch ein feines Sieb in eine große Karaffe.

6 Lösen Sie Zucker in der Gerstenflüssigkeit auf und fügen Sie den frisch gepressten Zitronensaft hinzu.

7 Kühlen Sie die Limonade im Kühlschrank, bis sie gut durchgekühlt ist.

SUCUMBÉ |

BOLIVIANISCHES HEIẞGETRÄNK

4 Port.

20 Min.

Leicht

Zutaten

500 ml Milch
100 ml Singani (bolivianischer Traubenschnaps)
50 g Zucker
1 Zimtstange
4 Nelken

Optional:
Schlagsahne zum Garnieren

Nährwerte p. P.

180 kcal
15 g Kohlenhydrat
0 g Fett
1 g Eiweiß

1 Erwärmen Sie die Milch in einem mittelgroßen Topf über mittlerer Hitze. Fügen Sie Zucker, Zimtstange und Nelken hinzu, sobald die Milch warm ist.

2 Rühren Sie um, bis der Zucker vollständig aufgelöst ist und die Milch kurz vor dem Kochen steht.

3 Reduzieren Sie die Hitze und lassen Sie die Gewürze 10 Minuten lang in der Milch ziehen, damit die Aromen sich entfalten können. Nehmen Sie die Zimtstange und Nelken aus der Milch.

4 Gießen Sie den Singani in die gewürzte Milch und rühren Sie um, um alles gut zu vermischen.

5 Erhitzen Sie das Getränk noch einmal, bis es heiß ist, aber achten Sie darauf, dass es nicht kocht.

6 Gießen Sie den Sucumbé in vorbereitete Tassen und garnieren Sie ihn nach Wunsch mit einem Klecks Schlagsahne.

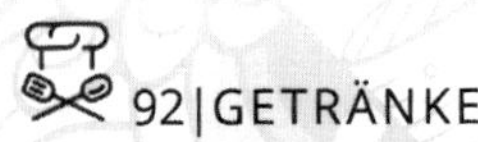

LICUADO DE PLATANO |

BANANEN-SMOOTHIE

2 Port.

5 Min.

Leicht

Zutaten

2 reife Bananen
400 ml Milch oder eine milchfreie Alternative wie Mandel- oder Sojamilch
2 EL Honig oder Zucker
Eiswürfel

Nährwerte p. P.

220 kcal
45 g Kohlenhydrate
3 g Fett
5 g Eiweiß

1 Beginnen Sie, indem Sie die Bananen schälen und in kleinere Stücke schneiden. Dies erleichtert das spätere Mixen und sorgt für eine gleichmäßige Konsistenz.

2 Platzieren Sie die geschnittenen Bananenstücke in den Behälter eines leistungsstarken Mixers.

3 Gießen Sie die Milch oder Ihre gewählte milchfreie Alternative über die Bananen im Mixer. Dies bildet die Basis für den Smoothie.

4 Süßen Sie die Mischung nach Ihrem Geschmack mit Honig oder Zucker. Dieser Schritt ist anpassbar, je nachdem, wie süß Sie Ihren Smoothie bevorzugen.

5 Fügen Sie eine angemessene Menge Eiswürfel hinzu, um den Smoothie zu kühlen und eine erfrischend kalte Textur zu erreichen.

6 Schließen Sie den Mixer und mixen Sie alles auf höchster Stufe, bis die Mischung vollständig glatt und cremig ist. Nehmen Sie sich hierfür ein paar Minuten Zeit, um sicherzustellen, dass keine Stücke zurückbleiben.

JUGO DE TUMBO |

SAUERDORNSAFT

4 Port.

15 Min.

Leicht

Zutaten

4 reife Tumbo-Früchte (Passionsfrucht-Banane)
500 ml Wasser
Eiswürfel

Optional:
2 EL Zucker oder Honig

Nährwerte p. P.

120 kcal
30 g Kohlenhydrate
0 g Fett
2 g Eiweiß

1 Halbieren Sie die Tumbo-Früchte und löffeln Sie das Fruchtfleisch in einen Mixer. Fügen Sie Wasser zum Fruchtfleisch hinzu.

2 Wenn Sie möchten, süßen Sie die Mischung mit Zucker oder Honig, um die natürliche Säure der Früchte auszugleichen.

3 Mixen Sie alles gründlich, bis das Fruchtfleisch fein püriert und die Mischung homogen ist.

4 Seihen Sie den Saft durch ein feinmaschiges Sieb in eine große Kanne, um feste Bestandteile zu entfernen.

5 Füllen Sie Gläser mit Eiswürfeln und gießen Sie den Saft darüber.

Soßen, Cremes & Dips

LLAJUA |

SCHARFE TOMATENSOßE

4 Port.

10 Min.

Leicht

Zutaten

2 reife Tomaten, grob gehackt
2 Locotos (bolivianische Chilis), entkernt und grob gehackt
1 Handvoll frischer Koriander, grob gehackt
½ TL Salz

Nährwerte p. P.

15 kcal
3 g Kohlenhydrate
0 g Fett
1 g Eiweiß

1 Geben Sie die gehackten Tomaten, Locotos und Koriander in einen Mixer.

2 Fügen Sie Salz hinzu und mixen Sie alles, bis eine gleichmäßige, leicht grobe Soße entsteht. Schmecken Sie die Soße ab und passen Sie das Salz nach Bedarf an.

3 Überführen Sie die Llajua in eine Servierschale oder ein verschließbares Glas, wenn Sie sie aufbewahren möchten.

4 Servieren Sie die Llajua frisch, um das beste Aroma zu genießen, oder lagern Sie sie im Kühlschrank für bis zu 2 Tage.

SALSA DE MANÍ |

ERDNUSSSOßE

4 Port. 20 Min. Leicht

Zutaten

150 g gemahlene Erdnüsse
250 ml Milch
1 Knoblauchzehe, fein gehackt
1 EL Pflanzenöl
Salz nach Geschmack

Nährwerte p. P.

140 kcal
6 g Kohlenhydrate
11 g Fett
5 g Eiweiß

1 Erhitzen Sie das Öl in einem mittelgroßen Topf bei mittlerer Hitze. Geben Sie den gehackten Knoblauch in das heiße Öl und braten Sie ihn an, bis er duftet, etwa 1 Minute.

2 Rühren Sie die gemahlenen Erdnüsse ein und kochen Sie sie kurz mit, um die Aromen zu intensivieren.

3 Gießen Sie langsam die Milch dazu und rühren Sie kontinuierlich, um Klümpchenbildung zu vermeiden.

4 Kochen Sie die Mischung bei niedriger Hitze, rühren Sie weiter, bis die Soße eindickt, was etwa 5 bis 7 Minuten dauern kann.

5 Schmecken Sie die Soße mit Salz ab und passen Sie die Konsistenz bei Bedarf durch Zugabe von mehr Milch an.

AJÍ DE ACELGA |

MANGOLD-DIP

 4 Port.  30 Min.  Leicht

Zutaten

200 g Mangold, grob gehackt
1 Locoto-Chili, entkernt und fein gehackt
1 kleine Zwiebel, fein gewürfelt
2 Knoblauchzehen, fein gehackt
2 EL Pflanzenöl
Salz und Pfeffer nach Geschmack

Nährwerte p. P.

50 kcal
4 g Kohlenhydrate
3 g Fett
2 g Eiweiß

1 Bringen Sie einen Topf mit Wasser zum Kochen und blanchieren Sie den Mangold für etwa 2 Minuten.

2 Schrecken Sie den Mangold in Eiswasser ab und drücken Sie das überschüssige Wasser aus.

3 Erhitzen Sie das Öl in einer Pfanne über mittlerer Hitze. Fügen Sie die Zwiebel und den Knoblauch hinzu und braten Sie sie an, bis sie weich und leicht gebräunt sind. Geben Sie die Locoto-Chili hinzu und braten Sie sie kurz mit an.

4 Fügen Sie den blanchierten Mangold hinzu und braten Sie alles zusammen an, bis der Mangold weich ist und die Aromen sich verbunden haben, etwa 5 Minuten. Würzen Sie die Mischung mit Salz und Pfeffer.

5 Nehmen Sie die Pfanne vom Herd und lassen Sie die Mischung etwas abkühlen.

6 Pürieren Sie die Mischung in einem Mixer oder mit einem Stabmixer, bis ein glatter Dip entsteht.

7 Servieren Sie den Ají de Acelga warm oder kalt als Beilage zu traditionellen Gerichten oder als Dip für Brot.

CREMA DE AJO |

KNOBLAUCHCREME

4 Port. 15 Min. Leicht

Zutaten

8 Knoblauchzehen, geschält
120 ml Olivenöl
Saft von 1 Zitrone
Salz nach Geschmack

Nährwerte p. P.

150 kcal
2 g Kohlenhydrate
15 g Fett
1 g Eiweiß

1 Geben Sie die Knoblauchzehen in einen Mixer oder eine Küchenmaschine. Mixen Sie den Knoblauch, bis er fein zerkleinert ist.

2 Fügen Sie während des Mixens langsam das Olivenöl hinzu, bis eine glatte und homogene Masse entsteht.

3 Geben Sie den Zitronensaft hinzu und mixen Sie weiter, um die Zutaten zu verbinden. Würzen Sie die Creme mit Salz und mixen Sie noch einmal kurz durch.

4 Überführen Sie die Crema de Ajo in eine Servierschüssel oder ein Aufbewahrungsgefäß.

5 Servieren Sie die Knoblauchcreme als Brotaufstrich oder als Beilage zu gegrilltem Fleisch.

SALSA PICANTE DE PEPINO |

SCHARFE GURKENSOẞE

 4 Port.  10 Min.  Leicht

Zutaten

1 große Gurke, entkernt und fein gehackt
150 g Joghurt oder eine vegane Joghurtalternative
2 Knoblauchzehen, fein gehackt
1 Bund frische Kräuter (z. B. Dill, Minze), fein gehackt
1 EL Olivenöl
Salz und Pfeffer nach Geschmack

Optional:
1 TL gehackte grüne Chili für zusätzliche Schärfe

Nährwerte p. P.

45 kcal
4 g Kohlenhydrate
2 g Fett
2 g Eiweiß

1 Kombinieren Sie die gehackte Gurke, Joghurt, Knoblauch, Kräuter und Olivenöl in einer mittelgroßen Schüssel.

2 Verwenden Sie einen Stabmixer oder geben Sie die Mischung in einen Mixer, um sie zu einer glatten Soße zu verarbeiten.

3 Schmecken Sie die Soße mit Salz, Pfeffer und optional gehackter grüner Chili ab. Rühren Sie die Zutaten gut durch, um alle Aromen zu vermischen.

4 Überführen Sie die Soße in eine Servierschüssel. Kühlen Sie die Salsa Picante de Pepino vor dem Servieren für etwa 30 Minuten im Kühlschrank, um die Aromen zu intensivieren.